네이버
스마트스토어
실전 마케팅

네이버 스마트스토어
실전 마케팅 (최신 개정판)

개정 1판 2쇄 발행 2024년 11월 20일

지은이 최재혁
발행인 곽철식

편집부 구주연
디자인 강수진
펴낸곳 다온북스
인쇄와 제본 영신사
출판등록 2011년 8월 18일 제311-2011-44호
주소 서울 마포구 토정로 222, 한국출판콘텐츠센터 313호
전화 02-332-4972 팩스 02-332-4872
전자우편 daonb@naver.com

ISBN 979-11-90149-95-2 (13320)

이 도서의 국립중앙도서관 출판예정도서목록(CIP)은 서지정보유통지원시스템
홈페이지(http://seoji.nl.go.kr)와 국가자료공동목록시스템(http://www.nl.go.kr/kolisnet)에서
이용하실 수 있습니다.(CIP제어번호: CIP2019010456)

• 다온북스는 독자 여러분의 아이디어와 원고 투고를 기다리고 있습니다.
  책으로 만들고자 하는 기획이나 원고가 있다면, 언제든 다온북스의 문을 두드려 주세요.

네이버쇼핑 상위노출부터 SNS 활용까지

최신
개정판

네이버 스마트스토어 실전 마케팅

· 최재혁 지음 ·

다온북스
DAON BOOKS

온라인쇼핑의
당연한 변화

인터넷이 활성화되면서 궁금한 정보를 포털사이트에서 검색하는 게 자연스러워졌다. 이제는 필요한 것을 구매하기 위한 쇼핑 검색으로까지 확장됐다. 쇼핑을 위해서는 우선 제품에 대한 정보부터 얻어야 하는데, 가장 편리한 곳이 포털사이트 검색이기 때문이다.

PC에서 벗어나 장소에 구애받지 않고 인터넷을 할 수 있게된 지금은, 더더욱 검색 의존도가 높다. 모바일 검색량이 금세 PC 검색량을 따라잡은 것만 봐도 알 수 있다.

PC에서 무언가를 구매하려면, 여러 보안프로그램의 설치 혹은 업데이트가 필요하다. 몇 번의 실패를 거쳐 겨우 결제를 했던 것과 달리 스마트폰에서는 이제 앱 하나로, 단 몇 번의 터치만으로 결제가 완료된다. 배송도 마찬가지다. 이제 주문만 하면 다음 날 도착하는 서비스를 당연하다고 여긴다. 우리나라에서 온라인쇼핑이 쉬워진 이유다. 게다가 온라인 가격 비교도 간편해지면서 고객들이 다양한 상품 판매처를 파악할 수 있고 고르기에도 수월해졌다.

구매자 입장에서는 조금이라도 더 저렴한 제품을 사길 원하고 생산자 입장에서는 조금이라도 더 높은 마진을 원한다. 가장 쉬운 방법은 무엇일까? 바로 생산자(제조사)가 직접 판매자가 되는 것이다. 이모든 것을 가능하게 만든 것이 바로 온라인쇼핑이다.

과거 판매자들은 1층 좋은 자리에 매장이 있어야 자신의 제품을 판매할 수 있었지만, 이제는 필요 없다. 보관 장소와 PC만 있다면, 나만의 매장을 만들고 전국 어디로든 제품을 판매할 수 있는 시대다.

이렇게 온라인쇼핑이 성장하는 데는 최근 트렌드도 큰 몫을 했다. 바로 1인 가구의 상승이다. 혼자 사는 것뿐만 아니라 예전에는 함께 하던 것들을 홀로 하는 사람들이 많아졌다. 나 혼자만의 시간을 보내는 걸 선호하는 이들은, 혼자 밥을 먹고 커피를 마시며 문화생활조차 홀로 즐긴다. 전문가의 조언도 필요로 하지 않고 각종 전문 지식이나 문제 해결을 위한 정보, 심지어 상담까지도 검색을 활용한다. 상황이 이러니 오프라인 매장에서 쇼핑을 하더라도 매장 점원의 도움이 필요하다고 여기지 않는 건 당연하다. 자신의 취향대로 천천히 둘러보는 고객의 수가 더 많다. PC 조립도 이제는 집에서 유튜브를 보면서 할 수 있는 시대에 살면서 굳이 눈으로 확인해야 할 상품이 아니라면 직접 나가야 할 필요성을 찾지 않는다.

이 중심에는 스마트폰이 있다. 스마트폰으로 궁금한 걸 묻고 찾으며, SNS를 통해 일상적인 대화를 해소한다. 게다가 굳이 집에 컴퓨터를 따로 설치할 필요 없이 스마트폰 하나로 PC만큼의 활용도 가능하다.

기술의 발달과 트렌드의 변화가 잘 맞춰지면서, 온라인쇼핑은 눈에 띄게 속도를 내고 있다. 앞으로는 AI의 발전으로 필요한 제품을 '나' 보다 더 정확하게 알아서 추천해주고, 때가 되면 구매도 해주는 시대가 올 것이다.

누구에게 필요할까?

온라인쇼핑 초기에는 소규모 쇼핑몰이 다수였지만, 점점 온라인쇼핑 시장 규모가 커지면서 대형 쇼핑몰들이 등장했다. 자연스럽게 소규모 쇼핑몰은 점점 줄어들었다. 하지만 이내 옥션, G마켓, 11번가처럼 오픈마켓에 입점하거나 대형 쇼핑몰에서 상품을 판매하는 방식으로 수가 유지되었다.

네이버쇼핑은 가격 비교, 상품 검색에 용이해 상품 구매의 중심에 서게 됐다. 게다가 네이버의 스토어팜(현재의 스마트스토어)의 등장으로 온라인쇼핑 판매자라면 네이버쇼핑 상위노출을 위해서라도 스마트스토어 입점이 필수가 되었다. 자사 쇼핑몰을 가진 업체들도 네이버쇼핑 입점과 동시에 스마트스토어를 함께 운영하는 이유다. 지금은 서비스 관련 업종도 스마트스토어에 입점해 판매할 수 있다.

"네이버쇼핑에서 자사 쇼핑몰이나 상품이 상위에 나오려면 어떻게 해야 되나요?"

많은 기업이 온라인 광고 대행사에 가장 자주 하는 질문이다. 온라인 광고 대행사에서 십수 년간 일하면서 이런 변화에 민감해야 했다. 운영자의 입장과 시각으로 조금이라도 더 알아야 광고주에게 여러 가지 제안을 하고 운영을 할 수 있기에, 네이버쇼핑과 스마트스토어를 자세히 살펴야 했다.

이 책은 나의 아내처럼 인터넷 쇼핑을 즐기지만, 플랫폼 다루는 일은 해보지 않은 초보가 보아도 쉽게 이해하고 따라올 수 있도록 썼다. 흔히 말해 왕초보도 책을 통해 스마트스토어 입점부터 마케팅을 이해하고 따라 했으면 하는 마음으로 만들었다. 이 책 한 권이 스마트스토어의 전부를 담을 수 없겠지만, 더 필요한 부분과 핵심을 짚어내고자 애썼다. 시작이 반이라고 한다. 스마트스토어를 시작하는 이들에게 이 책이 절반의 시작이 되길 바란다.

이 책이 나오기까지 많은 도움과 격려를 해준 가족과 실제로 운영해볼 수 있도록 도움 주신 스마트스토어 대표님, 많은 아이디어를 주신 출판사 팀장님께 감사의 말을 전한다.

차례

3장 · 네이버 마케팅, 그것이 문제로다

4장 · 어디에서, 어떻게 보여주고
얼마나 팔 것인가?

5장 · 매출을 끌어올리는
이벤트 기획과 진행 및 쇼핑라이브

6장 · 고객관리와 분석은 튼튼한 뿌리가 된다

1장

SMART STORE

그래서
스마트스토어가 뭔데요?

1. 당신도 사장이 될 수 있다

먹고사는 일은
누구에게나 고민이다

아이들이 어느 정도 커 유치원과 초등학교에 다니자, 오전 시간이 한가해진 주부 A 씨. 요즘 제일 큰 걱정은 두 아이를 키우며 들어가는 돈이다. 큰아이 학원을 한 군데 더 보내고 싶지만, 남편의 월급이 당장 크게 오를 것 같지 않다. 아이들을 돌보느라 직장에 다닐 수는 없어 출근하지 않고 돈을 벌 수 있는 방법을 생각했다. 그녀가 취미로 만든 패브릭 가방이나 쿠션을 보고 어디서 샀냐는 질문을 많이 받았던 게 떠올랐다. 온라인을 통해 핸드 메이드 상품을 팔기로 결심했다.

유통회사에 근무하고 팀 특성상 해외 출장이 많은 B 대리. 그는 해외 여러 나라에 출장을 다니면서 다양한 상품을 많이 봐왔다. 한국에 없는 상품을 보면 이렇게 생각했다. '이런 제품을 한국에 가지고 가서 팔면 잘될 텐데. 내가 직접 판매해볼까?' 그렇게 몇 해 동안 생각만 했던 B 대리가 부업으로 온라인쇼핑몰 창업 준비를 했다.

점점 찾아오는 고객이 줄어드는 매장을 운영하는 업체 사장도, 지금까지 제품생산에만 주력했던 제조사들도 점차 온라인으로 눈을 돌리고 있다. 예전보다 많은 온라인 업체 사이에서 "지금 시작하면 늦지 않았을까?"라고 생각할 수 있다. 하지만 2018년 온라인쇼핑 매출액은 2017년 대비 136% 증가했고 한 해 매출액 100조 원 시대가 되었다. 얼마나 어마어마하게 커졌는지 숫자로 듣고도 쉽게 와 닿지 않을 정도다.

우리는 TV 앞에서 홈쇼핑을 보면서도 검색은 스마트폰으로 한다. 백화점 정기 세일 기간에도 마찬가지다. 백화점에 가서는 일명 '눈팅'만 하고, 스마트폰으로 가격을 비교해본 후 더 많은 할인 혜택을 받을 수 있는 사이트에서 결제한다.

온라인몰에 대한 수요는 점점 증가할 것이고 오프라인 매장은 더욱더 체험관 역할이 강해질 것이라 전망되는 이유다. 따라서 온라인 시장의 기회는 아직도 충분히 열려있는 셈이다.

▲ 온라인쇼핑 100조 시대, 경향신문

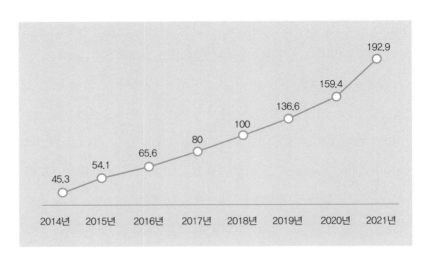

▲ 온라인쇼핑 거래액, 통계청

　고객에게 제품을 알리고 판매까지 이어지기 위해서는 온라인은 필수 영역이다. 하지만 기본적으로 경쟁사들을 제치고 우위에 설 수 있는 가성비 좋은 아이템이 있어야 하는 건 물론이고 차별화된 마케팅과 고객관리까지, 이 3박자가 잘 맞춰져야 한다. 최근 네이버, 카카오 등에서는 커머스 분야 매출을 올리기 위해서 지속적으로 사업 확대와 지원 사업을 늘리고 있다. 페이스북, 인스타그램도 마찬가지다. 쇼핑몰 운영 광고주를 유치하기 위해서, 샵기능을 비롯해 다양한 기능을 선보이고 있다.

▲ 카카오 톡스토어, 플러스친구

왜
스마트스토어일까?

가장 손쉽게 온라인쇼핑몰을 만들 수 방법은 무엇이 있을까? 카페
24, 메이크샵, 고도몰 등을 통해서 쇼핑몰을 직접 만드는 방법을 떠올
릴 수 있겠지만, 그 방법은 시간과 돈이 많이 들어간다. 시간과 돈이
많이 들어갈수록 쇼핑몰을 완벽하게 준비하려는 욕심이 생기기 마련
이고 그렇게 되면 판매할 수 있는 시기를 놓쳐버릴지도 모른다.

온라인쇼핑몰은 다르게 생각해야 한다. 처음 온라인쇼핑몰을 고민
할 땐 염두에 둔 상품 개수도 얼마 없을 것이다. 그렇다면 개인 쇼핑

몰 구축조차 낭비일 수 있다. 시간과 돈을 최소한으로 투입하고 상품의 품질이 보장된 쇼핑몰을 구축하는 게 더 시급하다. 게다가 온라인쇼핑에 관심 많은 고객이 가장 많이 방문하는 곳이라면 더 좋을 것이다.

국내 포털사이트 중 가장 높은 유입률을 자랑하는 건 바로 네이버다. 다수 사람은 작은 상품조차 네이버로 검색한다. 게다가 쇼핑에 관심이 없다 해도 손쉽게 접할 수 있는 사이트가 바로 네이버다. 네이버에는 개별 판매 스토어가 있어 손쉽게 개인 쇼핑몰을 만들 수 있다. 이런 이유만으로도 네이버에서 스토어를 만드는 이유는 충분해진 셈이다. 심지어 다른 개별 사이트가 있다고 해도 네이버 스토어를 하나 더 추가해서 관리해야 하는 이유이기도 하다.

▲ 온라인쇼핑몰 개설 및 운영을 위한 진행 프로세스

온라인쇼핑몰을 처음 시작하려는 사람도 있고 몇 번 경험해본 사람도 있을 것이다. 처음 시작한다면 아이템 선정부터 고객관리까지 순차적으로 준비해야 한다.

번쩍이는 아이템과 아이디어만 있다면 스마트스토어를 개설해 판매를 시작할 수 있다. 처음 몇 개월은 판매가 잘 되지 않더라도 실망하지 말고, 꾸준하게 홍보하는 데 집중해야 한다. 이제 차근차근 스마트스토어 개설 시 필요한 사항을 살펴보도록 하자.

2. 온라인쇼핑 트렌드와 키워드부터 익히자

뭘 팔아야 할까요?

오프라인 매장을 운영하고 있거나 이미 시장조사를 마치고 선정한 아이템이 있다면, 시간을 많이 쓰지 않아도 된다. 하지만 돌다리도 두드려 보고 가라는 속담이 있듯 이 책에서 다루는 온라인 고객 분석이나 온라인 트렌드 분석 방법에 대해서는 간단하게라도 꼭 살펴보길 바란다. 조사와 분석을 통해 시장을 잘 알고 있다고 자신만만하겠지만, 시시각각 변화하는 곳이 바로 시장이라는 걸 알아야 한다. 문제가 생길지라도, 온라인쇼핑몰의 원리를 알아둔다면 변화에 유연하게 대처할 수 있을 것이다.

이에 반해 무엇을 팔아야 할지 모르겠다거나, 지금이라도 찾아 준비하겠다는 판매자라면 아이템 선정 시 기억해야 할 포인트는 따로 있다.

첫째, 자신이 잘 알고 누구에게 내놓더라도 자신 있는 제품을 선정해야 한다. 당연한 말이겠지만, 좋은 상품은 그 자체로 최고의 세일즈맨 역할을 한다는 것을 기억해야 한다. 남들에게 소개해도 충분히 팔 수 있는 제품, 자신 있게 설명을 할 수 있는 제품을 선정하는 게 가장 중요하다.

하지만 만약 이미 오프라인 매장에서 인지도가 높고 손쉽게 구할 수 있는 아이템을 선택했다면, 다시 생각해야 한다. "이미 시중에 나온 아이템과 다른 점은 무엇인가?" 주변 지인들이 요즘 잘 나간다고 해서라는 이유는 불충분하다. 요즘 눈에 많이 띄는, 소위 말하는 핫한 제품이라 해도 충분한 검증이 필요하다.

둘째, 전문 카테고리를 잡아라. 중구난방, 다양한 카테고리 아이템을 판매하기보다는 전문적인 카테고리를 하나 잡고, 그와 관련된 상품을 전문으로 판매하는 스토어라는 이미지를 줄 필요가 있다.

예를 들어, 당신이 골프에 입문하려 한다. 온라인에서 골프채를 고른다면 어떤 골프채를 고를 것인가? 동일한 가격의 제품 중 A는 '입문에서 싱글까지 고르게 사용하는 골프채'라는 광고 카피로 제품을 설명하고 있고, B는 '입문자도 슬라이스가 많이 나지 않는 골프채'라고 소개하고 있다. 당신이라면 둘 중 어떤 제품을 고를 것인가? 당연히 B 제품을 더 많이 선호할 것이다. 다양하게 쓸 수 있는 상품을 더 선호하는 사람도 있겠지만, 골프용품은 다르다. 제각각의 입장에서 전문 제품이 필요하다.

꼭 골프용품에 한정된 이야기는 아니다. 하나의 분야만 파고들면 자연스럽게 많은 것을 알게 된다. 알고 있는 정보를 통해 상품을 선정하고 고객을 응대하면, 고객에게 믿음과 신뢰를 줄 수 있다. 판매자의 전문성이 쌓이는 것이다. 고객에게 신뢰가 쌓여 입소문으로 퍼진다면 어떨까. 누군가 카페나 밴드 등에서 "골프 제품을 구매하려는데, 어디가 좋을까요?"라는 질문을 올리면, "여기 가 보세요"라며 내 스토어를 추천해줄지도 모른다.

아이템을 선정할 때, 가장 우선순위로 해야 할 것이 "자신의 온라인 쇼핑몰은 '○○전문'이라는 이미지를 고객에게 심어 줄 수 있는가?"이다. 전문성을 만들 수 있는 아이템을 최우선으로 하는 것이 스마트스토어의 한 카테고리에서 굳건히 자리 잡을 수 있는 가장 쉬운 방법이다.

온라인 트렌드 따라잡기

어떤 상품으로 시작하든 온라인 트렌드에 대한 조사는 필수다. 우선 "고객들은 주로 어떤 제품을 온라인에서 구매할까?"라는 의문이 온라인쇼핑몰 판매자가 되는 첫걸음과 같다.

| | 2021년 | 2022년 | | 전월대비 | | 전년동월대비 | |
	연간	10월	9월ᴾ	10월ᴾ	증감액	증감률	증감액	증감률
합 계	1,870,784	163,679	171,448	177,115	5,667	3.3	13,436	8.2
· 가 전	301,209	27,267	23,134	27,802	4,668	20.2	535	2.0
· 컴퓨터 및 주변기기	82,975	6,146	5,888	5,757	-131	-2.2	-389	-6.3
· 가전·전자·통신기기	218,234	21,121	17,246	22,045	4,799	27.8	924	4.4
· 도 서	37,456	2,883	2,996	2,816	-180	-6.0	-67	-2.3
· 서적	25,941	1,847	1,993	1,707	-286	-14.4	-141	-7.6
· 사무·문구	11,515	1,036	1,003	1,110	107	10.6	74	7.1
· 패 션	482,164	44,669	40,302	45,402	5,100	12.7	734	1.6
· 의복	166,428	17,553	14,734	18,609	3,876	26.3	1,057	6.0
· 신발	28,833	2,481	2,513	2,673	160	6.4	193	7.8
· 가방	32,418	2,808	3,001	2,957	-44	-1.5	149	5.3
· 패션용품 및 액세서리	24,295	2,061	2,128	2,110	-18	-0.8	49	2.4
· 스포츠·레저용품	58,616	5,918	5,290	6,138	849	16.0	221	3.7
· 화장품	121,734	9,737	8,639	8,660	20	0.2	-1,077	-11.1
· 아동·유아용품	49,841	4,111	3,997	4,254	257	6.4	142	3.5
· 식 품	314,114	25,559	31,030	28,757	-2,273	-7.3	3,198	12.5
· 음·식료품	242,949	20,024	23,987	22,637	-1,350	-5.6	2,613	13.1
· 농축수산물	71,164	5,535	7,043	6,120	-923	-13.1	585	10.6

전년동월대비 증감

1조 3,436억원 증가
(증감률, 8.2%)

7,767억원 증가
(84.0%)
여행 및 교통서비스

2,613억원 증가
(13.1%)
음·식료품

1,234억원 증가
(27.3%)
이쿠폰서비스

▲ 2022년 10월 온라인 쇼핑동향 . 통계청 단위: 억원, %

2022년 10월 통계청에 발행한 온라인쇼핑동향 자료에 따르면 2021년 10월과 비교해서 여행관련 쇼핑이 약 84%가 증가했다. 즉, 위드코로나로 전환되고 막혔던 하늘길이 열리면서, 해외 여행을 가려는 사람들이 증가하면서, 여행관련 쇼핑이 크게 증가했다. 앞으로 여행에 대한 수요는 더 커질 것이다. 그렇다면 여행과 관련된 다양한 상품판매가 증가를 할 것이다. 이런 트렌드를 체크하여, 여행과 관련된 제품을 빠르게 스마트스토어에 등록하여 판매하여 선점하는 것이 매우 중요하다.

　또 하나 더 보면 위드코로나로 전환이 되면서, 음.식료품 구매를 오프라인 매장을 통해 구매를 하거나, 외식을 할 것이라 생각되었지만, 오히려 2021년보다 13.1%나 증가를 했다. '로켓배송'처럼 빠른 배송 외에 음.식음료에 대해서 구독서비스까지 늘어나면서 익숙해진 사람들은 앞으로도 음. 식료품 구매시 온라인 구매가 감소하지는 않을 것이라 예상된다.

참고 사이트

- 통계청 http://kostat.go.kr
- 오픈서베이 블로그 https://www.opensurvey.co.kr/blog

▲ 통계청 온라인쇼핑 검색 결과

네이버
키워드 도구 활용

스마트스토어에서 제품을 판매하려고 한다면, 무엇보다 네이버의 다양한 트렌드 자료 활용을 추천한다. 네이버쇼핑 카테고리를 검색해보면 굉장히 세분화되어 있다는 것을 알 수 있다.

▲ 네이버의 생활/건강 카테고리

우선 생각해둔 아이템이 어떤 카테고리에 속해 있는지부터 찾아보자. 그리고 해당 카테고리의 '대표적인 키워드'를 가지고 온라인 트렌드를 살펴보면 된다. 대표적인 키워드를 선정했다면, 가장 궁금한 건 '사람들이 이 키워드를 얼마나 검색할까?'일 것이다.

네이버의 검색조회수를 찾기 위해서는 **네이버 광고 관리 시스템**을 이용하면 된다. 네이버에서 '네이버 광고'라고 검색하면 쉽게 찾을 수 있다. 아직 사업자번호가 없다면, **네이버 아이디로 로그인**으로 접속이 가능해 간편하다. 차후에 네이버 검색 광고나, 네이버쇼핑 검색 광고를 위해서도 필요한 부분이니 필수로 가입해두자.

▲ 네이버 광고 시스템. searchad.naver.com

광고 시스템에 들어가 보면 활용하기 좋은 **네이버 검색 광고, 네이버 쇼핑 검색 광고, 파워콘텐츠, 브랜드 검색** 등을 발견할 수 있지만, 이 부분은 뒤편에서 상세하게 다루고 지금은 트렌드 분석부터 살펴보자.

접속 경로
로그인 〉 도구 〉 키워드 도구

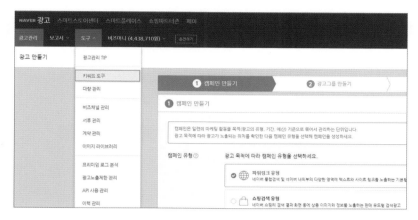

▲ 키워드 도구 접속 경로

▲ 키워드 도구 '안마기' 검색

다양한 검색이 가능하지만, 예시로 보여주기 위해 '안마기'를 검색했다. 가장 상단에는 검색어가 뜨고 그 아래에는 유사 키워드가 보일 것이다. 월간 검색수에서는 PC와 모바일 각각의 유입량 확인이 가능하다. 월간 검색수는 최근 1개월 조회수로 매월 달라진다.

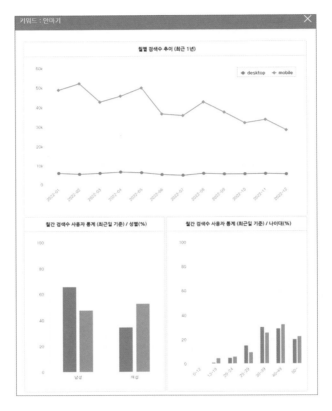

▲ '안마기' 키워드 검색 트렌드

안마기의 트렌드를 보자. 1년간의 검색수 통계를 보려면 해당 키워드를 선택하면 된다. 안마기의 월간 검색수 추이를 보면 모바일이 월

등히 높다(안마기뿐만 아니라 요즘 대다수의 키워드 모두 모바일 검색량이 많다). 그리고 역시 어버이날이 있는 5월, 설날과 추석이 있는 2월, 9월의 조회수가 높다는 것을 확인할 수 있다. 누가 많이 검색하는지 살펴보면 30대~40대 남녀 검색량 모두 높은 것을 확인 할 수 있다. 예전에는 안마기를 부모님 선물용으로 구매했으나 코로나로 인해 개인 건강에 대한 관심이 높아지면서 안마기 관련 제품구매도 많이 늘어난 것을 유추하여 생각해 볼 수 있다. 남성의 경우에는 모바일 검색수보다 PC 검색수가 조금 더 높은데 만약 남성을 주요 구매자로 정해 판매할 계획이라면, 모바일과 PC 양쪽 모두 신경 써야 한다.

　안마기를 검색을 했을 때, '마사지건'에 대한 검색량도 높았다. 그래서 마사지건에 대한 트렌드를 안마기와 함께 살펴 보았다. 2022년 년초에 비해서 연말로 갈 수록 '마사지건' 대한 검색량이 지속적으로 하락하는 것을 알 수 있다. 2021년만 해도 '마사지건'에 대해서 광고

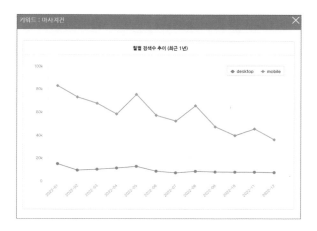

▲ '마사지건' 키워드 월별 검색 트렌드

도 많이 나오고, 많은 분들이 구매를 하였지만, 2022년이 넘어오면서 '마사지건'에 대한 인기가 떨어지면서, 점점 조회수가 떨어지는 것을 확인 할 수 있다. 2022년 위드코로나가 시행되면서 건강에 대한 관심도가 이전보다는 조금 떨어졌다는 것을 알 수 있다.

이처럼 자신이 생각했던 아이템이나 관련된 키워드의 검색수를 살펴보면서, 어떤 아이템의 조회수가 높은지, 남녀 중에서 누가 많이 찾는지, 어느 연령대에서 많이 찾는지를 상세하게 알 수 있다. 판매와 연결되는 정보로, 꼼꼼히 파악해둘 필요가 있다.

간혹 이렇게까지 깊이 알아볼 필요가 있겠냐고 생각하겠지만, 온라인몰에 맞는 타깃을 정확히 알아야 제대로 마케팅할 수 있다는 사실을 기억하자. 불특정 다수를 타깃으로 공략하는 것보다는, 특정 타깃을 공략하는 것이 더 수월하다. 그리고 어느 시기에 해당 타깃들이 제품을 많이 찾는지 알게 된다면, 이벤트나 홍보 마케팅 시기를 정하기도 편해진다.

네이버 키워드 도구를 통해 살펴볼 수 있는 건 더 있다. 예를 들어 쇼핑 관련 검색이 많은 월 중에 5월이 있다. 바로 어버이날 때문이다. 어린이날과 성년의날까지 있지만, 어버이날 선물 구매 비중이 높다. 사람들은 5월 어버이날에 어떤 키워드를 많이 검색했을까? 일일이 검색하지 않아도 된다. 키워드 도구 상단 메뉴 중 시즌 테마를 통해 찾아볼 수 있다. 그밖에 업종별, 시즌 월별, 인기 키워드도 손쉽게 찾아볼 수 있다.

▲ 키워드 도구 '시즌/테마' 키워드 조회

네이버 트렌드
활용

네이버 내 검색수와 검색자로 1차 분석을 했다면, 그다음 네이버쇼핑 트렌드를 확인해야 한다. 네이버 키워드 도구와 큰 차이는 없지만, 네이버쇼핑 이용자에 대해서도 알아둘 필요는 있다.

네이버에서 '네이버 트렌드'를 검색해서, **데이터 랩**으로 접속하면 여러 메뉴가 보일 것이다. 검색어 트렌드의 경우 키워드 도구에서 봤던 것과 비교해 수치만 없지 월별 트렌드는 유사하다. 개인적으로 1년간의 트렌드만으로는 월별 분석에 부족함이 있는 듯싶어, 2년 정도의 트렌드를 살펴볼 때 이용한다.

간단하게 확인하는 방법만 알아보자.

▲ 네이버 검색어 트렌드, datalab.naver.com

기간을 설정하는 건 어렵지 않다. 여기서 중요한 건 주제어인데, 최대 5개의 키워드를 넣을 수 있다. 그리고 기간을 1년 단위로 보고 싶다면, 일간 데이터가 아닌 월간 데이터로 보는 것이 좋다. 일간 트렌드의 경우 단 하루만 이슈가 되어도 상승 데이터가 나와 정확한 분석이 어렵다.

검색어 트렌드에 이어 쇼핑 인사이트 메뉴로 넘어가면 **분야 통계**와 **검색어 통계**를 확인할 수 있다. 분야 통계는 네이버쇼핑의 카테고리별 클릭 추이와 인기검색어 순위 Top 500, 인구 통계 트렌드를 엿볼 수 있다.

검색어 통계는 앞서 살펴본 키워드 도구와 같이 해당 키워드의 추이와 인구통계 데이터를 볼 수가 있는데, 개인적으로 검색어 통계보다는 분야 통계를 더 많이 쓰게 된다.

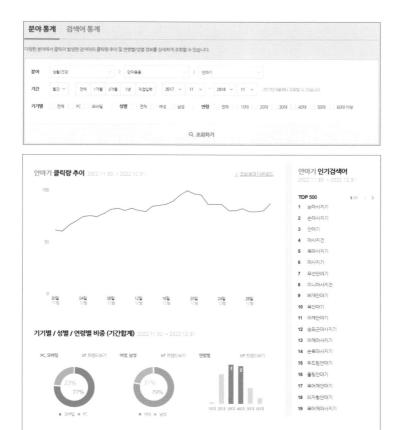

▲ '안마기' 쇼핑 검색 트렌드

월별 클릭량 추이는 해당 카테고리의 전체 클릭량 추이다. 참고로 키워드별로 보고 싶다면 오른쪽에 인기 검색어를 클릭해 보면 해당 키워드의 클릭량을 별도로 알 수가 있다. 여기서 눈여겨봐야 하는 것은 성별 연령별 트렌드 보기다. 해당 쇼핑 카테고리에 접속하여 관심을 보이는 성별과 연령을 한 번에 체크해 볼 수 있다. 클릭량 추이는 검색트렌드와 또 다를 수 있으니, 비교하여 체크해 보아야 한다.

다음으로 안마기 카테고리 내에서 인기 검색어를 살펴보자. 안마기 카테고리 내에서 인기가 가장 많았던 키워드는 눈마사지기, 손마지기, 목마사지기 등이다. 즉 이제는 마사지도 각 부위별로 전문화된 다양한 마사지기가 출시되면서 고객들은 세부키워드를 통해서 마사지기를 찾는 것으로 확인이 된다. 이처럼 고객들은 브랜드를 먼저 인지한 이후에 쇼핑 사이트나 네이버쇼핑에서 검색하기도 한다. 차후 스마트스토어에서 상품명을 작성할 때, 해당 트렌드를 다시 한번 살펴보고 높은 조회수의 키워드를 찾아 이용하면 된다.

쇼핑 BEST는 앞서 본 쇼핑트렌드에서 볼 수 없었던, 실제 구매가 많이 일어났거나 유저들이 네이버 검색에서 클릭해서 보았던 상품들을 한 눈에 볼 수가 있다. 특정 카테고리를 선택하여, 연령대와 성별을 선택하면 인기가 높고 구매가 많이 된 제품, 해당 카테고리에서의 인기브랜드, 트렌드키워드까지 한번에 확인이 가능하다. 그리고 기간 일간, 주간으로 확인을 할 수가 있다.

예를 들어 스마트스토어를 통해서 유통을 생각한다면, 주력 카테고리에서 인기 브랜드 제품을 살펴보고, 해당 브랜드 제품을 유통해 보는 것도 좋은 방법이 될 수 있다. 그리고 인기 쇼핑몰 영역에서 소호몰 인기순위를 보면, 방문자들이 많이 찾는 스마트스토어들이 여러 군데 있다. 여기에서 몇 군데를 들어가 보고 괜찮은 곳이 있다면 즐겨찾기를 해두었다가 스마트스토어를 만들 때, 벤치마킹할 수 있는 부분을 찾아도 좋다.

접속 경로

PC네이버쇼핑 메인 > 오른쪽 상단 > 쇼핑 BEST

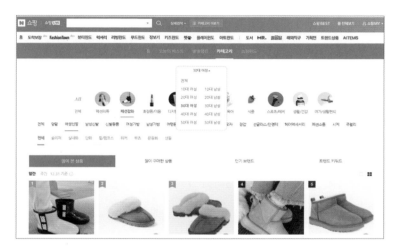

▲ 네이버쇼핑 BEST

| 검색어(키워드)는
| 왜 중요할까?

　계속해서 네이버 키워드 도구, 네이버 트렌드, 네이버쇼핑 베스트에서 검색어 순위나 조회수에 대해서 강조했다. 이렇게 검색어를 강조하는 이유는 네이버 검색의 모든 1차 결과는 검색량을 따르기 때문이다.

　네이버가 어떤 회사인가? 검색 포털사이트다. 아무리 좋은 이미지를 넣고 괜찮은 콘텐츠를 넣었다 하더라도 상품명이나, 상품설명 키워드가 없다면 노출이 어렵다. 물론 카테고리를 설정했다면 어느 정도 노출은 되겠지만, 카테고리와 검색어를 일치시킨 다른 스마트스토어에 비해서 노출이 떨어질 수밖에 없다. 네이버의 검색 로봇이 아무리 뛰어나도 동영상이나 사진까지 분석해서 검색어로 연결하지는 못한다. 어디까지나 등록한 검색어나 카테고리를 우선순위로 노출한다 (이 부분에 대해서는 3장에서 더 상세하게 다루도록 하겠다).

상품 선정을 끝냈다면, 상품 이름이나, 상품설명에 어떤 검색어를 함께 넣을지 고민해야 할 것이다.

인기검색어 넣기

vs

연관검색어 넣기

vs

남들이 많이 하지 않는 키워드 넣기

이 세 가지 중 선택해, 스토어 노출을 결정해야 한다. 다들 선호하는 방법은 인기검색어를 넣는 것이다. 하지만 인기검색어는 누구나 다 사용한다. 검색 결과 첫 페이지에 자신의 스마트스토어를 노출시키기는 무척 어렵다. 하지만 온라인쇼핑몰은 노출되지 않으면 아무 소용없다. 그래서 연관검색어를 사용하거나, 검색 조회수가 떨어지지만 스토어를 첫 페이지에 노출시킬 수 있는 특별한 키워드를 찾아야 한다.

예를 들어 알아보자. 많은 사람이 '과메기'를 검색할 때, 다양한 키워드와 함께 검색한다. 최근 온라인 유저들은 포괄적인 검색어보다는 좀 더 정확히 내가 원하는 검색 결과를 찾으려 하기 때문이다. 그렇기 때문에 연관검색어를 제목이나 설명에 넣어서 활용해야 한다.

▲ '구룡포 과메기' 검색 결과

▲ '청어 과메기' 검색 결과

겨울 성수기에 구룡포 과메기 조회수가 5만 회라면, 청어 과메기는 1만 5천 회다. 그런데 광고 노출을 빼고, 첫 번째 노출되는 '경북포항 오지윤' 스토어를 제외하면 두 번째부터는 다른 검색 결과가 나온다. 만약 구룡포 과메기 검색 결과 두 번째인 '샘물수산'에서도 '경북포항 오지윤'처럼 제목에 '청어'를 넣었다면 '청어 과메기'에서도 노출될 확률이 높았을 것이다.

뒤편에 네이버쇼핑 상위노출이 잘 되는 알고리즘에 대해 한 번 더 설명하겠지만, 스마트스토어에서는 첫 번째도 두 번째도 검색어(키워드)가 가장 중요하다.

그리고 검색 조회수가 조금 떨어지지만, 남들이 많이 하지 않는 키워드는 해당 검색어를 찾기 어려울 수 있다. 하지만 만약 이러한 검색어를 찾아내, 나만의 키워드로 사용한다면 단독으로 상위노출될 확률이 높아진다. 그러니 키워드 발굴에 꼭 신경 써야 한다.

소셜 트렌드
살펴보기

스마트스토어 홍보를 위해 많은 사람이 SNS를 이용한다. 이때 제품과 맞는 SNS 채널은 무엇인지 SNS에서는 어떤 해시태그나 키워드를 이용하는 것이 좋은지 파악해둘 필요가 있다.

이 정보를 수월하게 찾을 수 있는 곳이 바이브소프트의 Somtrend(https://some.co.kr/)다. 이곳에서는 사람들이 해당 제품을 얘기할 때, 어떤 키워드를 많이 사용하는지 한눈에 파악할 수 있다. 물론 무료 이용이다. 게다가 이 사이트에서는 경쟁업체나 벤치마킹한 업체의 제품명을 검색해 고객이 어떤 점을 마음에 들어 하고 어떤 점을 싫어하는지도 파악할 수 있다.

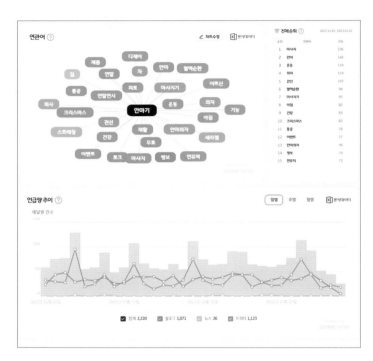

▲ '안마기' 소셜 매트릭스 검색 결과

3. 스마트스토어명&제품명 어떻게 만들까?

이름에
운명이 바뀐다

네이버쇼핑이라는 대형 백화점에 코너 하나를 분양받았다. 분양받은 순간부터 일은 시작된다. 보통 사람들은 어떻게 해야 고객에게 잘 보이는지 고민한다. 하지만 이목을 끄는 인테리어 공사보다 더 시급한 게 있다. 바로 상호다.

네이버쇼핑에서도 최소한 스토어명이 있어야 스마트스토어 가입이 가능하다. 스마트스토어 개설 신청을 하면서 스토어명에서 시간이 걸리는 사람이 제법 많다. 그만큼 중요하고 고민되는 게 바로 이름이다. 그러나 다행스럽게도 스토어명 수정은 가능하다. 그러나 조금 불행하게도 단 한 번만 변경할 수 있기 때문에 매우 신중하게 고민할 필요가 있다.

사업자등록을 먼저 했다면 사업자명과 동일하게 하는 경우가 많은데, 스마트스토어명과 사업자등록 상호가 꼭 일치할 필요는 없다. 이름의 중요성은 재구매와 연관이 있다. 나중에 차츰차츰 판매가 이루어지고 사람들에게 알려지기 시작했는데, 스토어명이 너무 어렵거나, 기억에 남기 어렵다면 즐겨찾기를 하지 않은 이상 다시 찾기 힘들어진다.

스마트스토어를 개설하고 판매를 시작하기로 마음먹었다면, 제대로 된 상호로 나만의 브랜드를 구축하고 고객에게 인지되게 만드는게 중요하다. 검색할 때를 떠올려보자. 어떻게 검색을 하는가? 재구매를 하고 싶거나 눈여겨 봐 두었던 제품을 구매할 때, 제대로 브랜드명을 기억한다면, 브랜드명 + 제품 종류를 검색하거나 브랜드명 자체를 검색하기 마련이다.

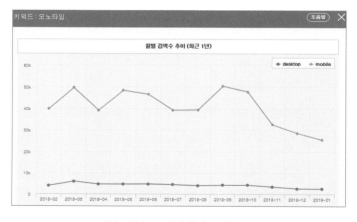

▲ 여성 의류 '모노타임' 월간 업체명 검색수

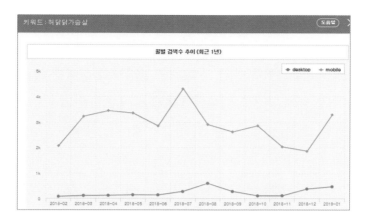

▲ '허닭닭가슴살' 월간 조회수

　좋은 브랜드명은 어렵지 않다. 고객들이 기억하기 쉬워야 좋은 브랜드명이다. 여기에 발음하기까지 좋아야 한다. 외국어로 만들 거라면, 평상시에 많이 사용되는 단어로 작명하는 것이 좋다. 처음 듣는 외국어는 기억에 남지 않는다.

　영문을 한글로 검색을 할 때, 사람에 따라서 다르게 검색하는 경우도 많다. 유명한 브랜드라 하더라도 검색자마다 다르게 검색한다.

　또한 판매하는 제품을 연상시킬 수 있는 브랜드명을 만들어야 한다. 예를 들면 '직방'과 같은 브랜드명은 무엇과 연관 깊은지 직관적으로 알 수 있으면서, 기억하기 좋은 이름이다. 더욱더 중요한 것은 포털사이트에서 검색했을 때, 유사한 브랜드가 없어야 한다. 차후 네이버 브랜드 검색을 하거나 고객들이 상호로 검색할 때, 타사와 겹쳐

헷갈려 다른 스토어로 가는 일이 없도록 하기 위해서다.

그렇다면 피해야 하는 건 무엇일까? 고객들이 검색할 때, 불편한 브랜드명은 피해야 한다. 약어나 숫자를 섞어서 만든 경우가 있는데, 그럴 경우 고객들은 해당 영어를 한글로 풀어서 검색하는 경우도 많다. 만약 부득이하게 브랜드명을 그렇게 지었다면, 고객들이 검색하기 쉽도록 한글 명칭을 함께 넣어 어떻게 검색해야 하는지 알려주는 센스가 필요하다. 그리고 긴 이름이나, 부정적인 느낌을 주는 단어도 피해야 한다.

스마트스토어명을 지을 때
1. 짧은 이름
2. 발음하기 좋은 이름
3. 제품이 연상되는 이름
4. 감성이 담긴 이름
5. 타사와 겹치지 않는 이름

그렇게 브랜드명을 정했다면, 필히 상표등록을 해야 한다. 당장 필요하겠냐고 생각하겠지만, 네이버에 자체 생산제품을 브랜드로 등록하려 해도 상표권 관련 서류가 있어야 한다. 만약 유사한 브랜드가 생겨 혼돈을 주는 경우가 생기면 어떻게 할 것인가? 그때 가서, 부랴부랴 상표권을 등록하려 해도 남이 먼저 해버렸다면? 이런 걱정을 덜기 위해서라도 상표등록이 필요하다.

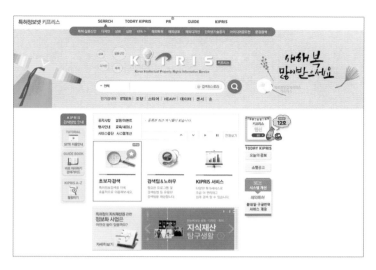

▲ 상표등록 확인, 특허정보넷 키프리스

가능하면 CI나 BI도 함께 제작하는 것도 좋은 방법이다. 아무래도 고객들은 CI나 BI로 브랜드의 가치를 더 가깝게 느낀다. 눈으로 읽는 텍스트보다 기억하기 좋은 게 바로 이미지다. 저 멀리 붉은색 간판에 M자 로고가 보이면, 누구나 맥도날드 간판이라는 것을 한눈에 알아보듯이 말이다. 사업 초기에 CI나 BI를 모두 진행하는 것이 부담스러울 수는 있을 것이다. 하지만 이 모든 것을 염두에 두고 상표등록을 잊지 말아야 한다.

지금 설명한 것은 꼭 상호나 브랜드명에만 해당하는 건 아니다. 자체적으로 생산하거나 OEM으로 생산하는 경우에도 제품 하나하나의 이름에 신경 써야 한다. 제품에 정식 명칭이 별도로 있더라도, 스마트스토어 상품등록을 할 때는 별도로 이름을 만들어줄 필요가 있다.

[SOFIE D'HOORE]JFLE-cotton fleece SWEATER (NAVY)(HSD82SW100NV)

ⓘ광고 **292,000원**

패션의류 › 여성의류 › 니트/스웨터

신규가입시 5% 쿠폰

등록일 2018.11. · ♡ 찜하기 0 · ⚠ 신고하기

▲ 외국어 표기 상품명

　위와 같은 사례를 보면, 영어로 적혀 있는 제품명을 보고 고객들이 빠르게 인지하기란 힘들다. 또한 네이버쇼핑에서 해당 제품명을 다시 검색하기도 힘들다. 이럴 때는 네이버의 검색 조회수가 많은 키워드를 몇 가지 조합해 상품명을 만드는 것이 네이버쇼핑 검색 노출 확률을 높일 수 있다.

4. 스마트스토어 개설 전에
꼭 짚고 넘어가자

오픈마켓에도
입점할까?

　온라인쇼핑몰이 처음이라면 스마트스토어 하나만 운영해도 괜찮
다. 하지만 한 곳에서 판매하는 것보다 여러 온라인몰에서 고객들의
눈에 보이는 것도 중요하다. 그만큼 인지도 높은 제품으로 보일 수 있
기 때문이다. 그리고 고객 중 스마트스토어 구매보다 대형몰 구매를
선호하는 사람도 있다는 걸 염두에 둔다면, 고민해야 할 사항이다.

　직접 모든 쇼핑몰에 입점하고 관리하는 건 쉽지 않다. 하지만 한 번
등록으로 여러 쇼핑몰을 한꺼번에 관리할 수 있는 솔루션 업체를 이
용하면 보다 쉽게 진행할 수 있다.

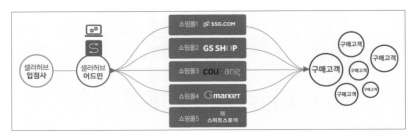

▲ 쇼핑몰 통합관리 솔루션, 셀러허브

쇼핑몰마다 수수료 정책은 매우 다르다. 오픈마켓의 경우 평균적으로 8~12% 정도의 수수료가 나오며, 백화점몰 같은 경우에는 그보다 높은 수수료가 책정된다. 스마트스토어의 경우 카드 결제를 한 경우 네이버 페이 결제 수수료와 네이버쇼핑 매출 연동 수수료가 적용되어 약 5.74% 정도다. 아무리 비교해도 네이버가 가장 낮다. 게다가 네이버는 **스타트 제로 수수료 프로그램**으로 사업 초기 수수료 면제도 받을 수 있다.

그래서 사용하는 방법은 여러 쇼핑몰을 이용해 제품 등록을 한 후, 스마트스토어를 통해 조금 더 저렴하게 판매하는 것이다. 어느 사이트에서든 찾아볼 수 있어 고객에게는 인지도 높은 제품으로 보이면서, 스마트스토어를 통해서 저렴한 수수료로 판매할 수 있는 전략을 펼칠 수 있다.

어떤 준비가
필요할까?

스마트스토어 입점을 위해 사업자등록증을 따로 만들 필요는 없다. 하지만 차후 매출액이 증가할수록 사업자등록 판매자보다 세금을 더 많이 낼 가능성이 있다. 그렇기 때문에 창업 초기에는 사업자등록과 함께 통신판매업 신고가 필수다. 취급하는 물품에 따라 더 필요한 서류는 다르다.

사업자등록증의 경우 세무서를 직접 찾아가서 등록하는 방법이 있지만, 국세청 홈택스에서 간단하게 신청할 수도 있다. 처음 창업하고 이제 막 시작하는 경우에는 간이과세자로 출발한다. 하지만 판매 물품에 따라 면세사업자로 신고할 수 있다. 그러니 사업자등록증을 발급하기 전, 세무서에 문의하거나 국세청 홈택스에서 꼼꼼하게 정보를 찾아보고 등록하는 것을 권한다.

▲ 사업자등록 신청, 국세청 홈택스

통신판매업 신고의 경우에도 담당 시, 군, 구청에서 신청할 수 있지만, 온라인 정부24에서도 가능하다. 간혹 오프라인 판매만 하다 보면 온라인 판매 방법에 대해 잘 모르는 경우도 많다. 하지만 이 책을 읽는 목표는 온라인 판매다. 그 목표를 위해서라도 통신판매업 신고는 꼭 해야만 한다.

▲ 통신판매업 신고 신청, 정부24

아래는 기타 취급 상품에 따른 추가 서류다. 자신의 판매 상품을 찾아 꼼꼼하게 서류를 챙기자.

기타 취급 상품에 따른 추가 서류

- 건강기능식품: 건강기능 식품판매업 영업신고증
- 의료기기: 의료기기판매업 신고증(동물용 의료기기: 동물용 의료기기판매업 신고증)
- 화장품: 화장품제조판매업 등록증(직접 수입 또는 제조한 화장품을 판매하거나, OEM 방식으로 제조한 화장품을 판매하거나, 해외구매대행으로 화장품을 판매하는 경우)
- 가공식품: 식품제조·가공업 영업등록증(직접 제조·가공한 식품을 판매하는 경우), 식품소분·판매업 영업신고증(식품 등을 소분 판매하거나, OEM 방식으로 제조·가공한 식품을 판매거나, 직접 수입한 식품을 판매하는 경우)
- 축산물: 축산물판매업 신고필증(식육 또는 포장육, 식육부산물, 우유, 식용란을 전문적으로 판매하거나, OEM 방식으로 가공 또는 포장 처리된 축산물을 판매하거나, 직접 수입한 축산물을 판매하는 경우)
- 농약: 농약판매업 등록증
- 여행: 관광사업 등록증
- 전통주: 주류통신판매 승인서
- 통신사 가입상품: 공식 대리점의 경우(통신사와의 계약서 제출), 공식 대리점과 위탁계약을 체결한 경우(공식 대리점과의 위탁계약서)
- 정품확인 필수 브랜드 판매자: 수입신고필증(갑, 을지) 또는 브랜드제조업자와의 공급거래계약서 정품확인 필수 브랜드 보기
  단, 해외구매대행 쇼핑몰의 경우 '확약서' 제출 후 입점 가능

마케팅 계획과
목표

이 책의 내용 절반 이상이 스마트스토어 마케팅이다. 그만큼 마케팅이 중요하다는 이야기다. 당연하다. 상품이 팔려야 스마트스토어가 유지되는 법이다. 스마트스토어를 열심히 준비해 개설하고 상품까지 올려두면 마음이 들뜨기 시작한다. 하지만 기대와 달리, 매출이 전혀

없는 날이 많을 수 있다. 매출이 없는 날만큼 괴로운 날은 없다. 나 또한 여러 쇼핑몰의 온라인 마케팅을 해주면서, 판매가 전혀 이루어지지 않을 경우 당혹스럽고 어떻게 하면 하나라도 판매할 수 있을까라는 고민에 여러 가지 전략을 짜 다시 적용하기도 했다.

그만큼 판매를 잘하기 위해서는 어떻게 홍보를 할 것인가라는 질문을 고민하고 준비해야 한다. 마케팅을 위해 무료 바이럴 채널(블로그, 포스트, 페이스북, 인스타그램, 밴드 등)을 활용할 수 있지만, 즉각적인 효과를 기대하기는 힘들다. 그렇기 때문에 스마트스토어 초기에는 유료 광고 홍보를 꾸준하게 해줄 필요성이 있다. 길게는 1년, 짧게는 3개월 목표와 3개월 단위의 마케팅 플랜을 구성해보는 것을 추천한다.

마케팅 플랜을 작성할 때, 어디부터 홍보해야 할지 막막할 수 있다. 그럴 땐 이 책의 스마트스토어 마케팅 관련 부분부터 읽어보길 바란다. 초기에는 목표를 가늠하기 힘든 게 현실이다. 우선 목표를 작성한 후 실제 진행을 하면서, 상황에 맞게 변경해 나가야 한다. 목표와 전체적인 플랜을 구성했다면, 실제 실행 계획을 세우고 하나하나 진행하는 것이 좋겠다.

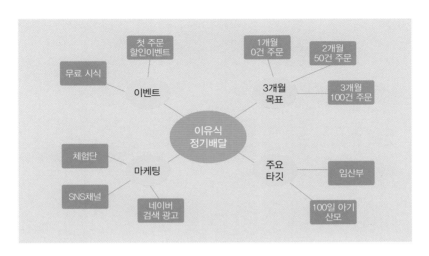

▲ 스마트스토어 목표와 마케팅 계획 수립 예시

처음부터 표로 만들면 힘들 수 있다. 위의 예시처럼 마인드맵 형식으로 생각나는 대로 작성해보자. 머릿속을 정리하는 수준의 마케팅 기획안도 충분히 큰 도움이 되기 마련이다.

이때 주요 타깃은 세분화할수록 좋다. 왜일까? 많은 사람에게 홍보하는 게 가장 좋겠다고 생각하겠지만, 최근 소비자들은 좀 더 전문화된 제품을 원하는 추세다. 그리고 마케팅을 할 때도 타깃을 좁혀두면, 누구에게 홍보할지 명확하게 알게 되고 타깃으로 잡은 이들이 좋아할 만한 콘텐츠를 만들고 선호 채널에 홍보하기에도 용이하다. 그리고 페이스북 광고나 네트워크 배너 광고를 할 때도 타깃을 세분화할수 있다.

보충 설명을 하자면, 같은 광고비용으로 다수에게 한 번씩 보이는 것보다 제품을 꼭 필요로 할만한 고객에게 여러 번 반복해서 노출된다면 구매 확률이 더 높아질 수밖에 없다.

고객 응대 관리
방침 세우기

가장 반가운 손님은 누굴까? 아마 택배기사가 다섯 손가락 안에는 들어갈 것이다. 고객은 주문하고 택배기사의 문자나 초인종 벨 소리를 굉장히 기뻐한다. 그만큼 고객들은 배송에 매우 민감하다. 쿠팡의 로켓배송과 마켓컬리 샛별배송까지, 배송 전쟁이라는 말이 괜히 나온 건 아니다. 네이버 스마트스토어도 마찬가지다. 오늘 출발이라는 배송정책이 있다. 게다가 쇼핑몰 후기들을 보면 배송이 빨라 이용한다는 고객들도 매우 많다. 배송을 어떻게 조금이라도 빨리할 수 있을지는 매우 중요한 문제다.

빨리 배송하는 것도 중요하지만, 교환과 반품 관련 문제도 있다. 예를 들어서, 신선 제품을 취급하는 경우 고객의 변심으로 반품이 온다면 어떻게 할 것인가? 또 옷 같은 경우는 착용한 흔적이 있지만, 환불 요청하는 경우가 생길 수 있다. 정말 별의별 고객들이 있다는 말은 온라인에서도 마찬가지다.

스마트스토어를 운영하기 전에 배송, 교환, 반품정책을 바로 세워,

고객에게 충분히 알려야 한다. 그렇지 않으면 게시판을 통해, 또는 네이버톡톡을 통해서 온종일 시달릴지도 모른다. 시달릴 뿐만 아니라 손해도 입을 수 있으니, 초기 정책이 가장 중요하다.

▲ 헬로네이처 배송 및 교환 환불 정책

마음이 조급해도
철저한 계획과 시장조사가 필요하다

이왕 스마트스토어를 시작하기로 마음먹고 스토어명을 대략이라도 정했다면, 시작이 반이라고 일사천리로 따라 해보자. 스토어를 개설하지 않고, 이 생각 저 생각하다 보면 어느새 또 미루기 마련이다. 결단력 있게 추진해야 뭐라도 되기 마련이다.

직장을 다니면서 블로그를 운영하는 분의 일과를 들어볼 기회가 있었다. 제품 리뷰를 위주로 포스팅을 하는 블로거였는데 오전에 일어나면 촬영 장비와 제품을 가지고 회사에 출근했다고 한다. 점심시간에 잠깐 시간을 내 촬영을 하고, 퇴근 후 사진 편집 작업을 끝낸 후 제품 리뷰와 함께 블로그에 올리는 게 일상이었다. 그리고 블로그 방문자를 체크하고 다음날 올릴 콘텐츠 아이디어를 내고 나서야 잠자리에 든다고 했다. 꾸준한 관리로 파워 블로거라는 이름을 얻은 것이다.

마찬가지다. 쇼핑몰 운영, '내 일'을 하고자 한다면 부지런해야 한다. 일과 계획표대로 움직여야 한다. 주문을 체크하고 배송 보내고, 부족한 제품을 발주하는 것은 일차원적이다. 누구나 챙길 수밖에 없는 업무가 된다. 그 외로 해야 하는 것들이 더 중요하다. 고객의 리뷰를 확인하고 SNS 채널 운영과 홍보 활동으로 스마트스토어 제품을 노출해야 한다. 경쟁사 확인 또한 필수다. 귀찮을 수도 있다. 아니, 주문 확인하고 보내는 일보다는 번거로운 일임은 분명하다. 하지만 일정 기간 진행하면서 습관처럼 몸에 배게 해야 한다.

앞서 시장조사 방법을 알려줬다. 그밖에도 카페나 개인 블로그를 통해서 많은 정보를 얻어야 한다. 무엇보다 경험자들의 이야기를 많이 읽어 보고, 시장조사 자료를 찾아야 할 것이다. 소모임이 있다면 미루지 말고 찾아가서 생생한 자문을 얻기를 마다하지 않아야 한다.

추천 카페

셀러오션: https://cafe.naver.com/soho
유통과학연구회: https://cafe.naver.com/trendhunting

시장조사는 철저하게 하면 할수록 도움 된다. 시장조사를 하다 보면 틈새시장이나 남들이 시도하지 않았던 분야도 눈에 들어온다. 조사는 과하다 싶을 정도로 많은 정보를 얻어두길 바란다. 그런 뒤에 불필요한 정보만 빼면 된다. 많이 넣고 빼기는 쉬워도 비워진 부분을 채우는 것은 힘들다.

스마트스토어는 생각보다 열기 쉽다. 하지만 직장처럼 꾸준히 일하기란 어렵다. 그만큼 시장조사와 추진 계획표를 잘 세워 준비해야 하는 이유다.

2장

SMART STORE

이제 진짜
스마트스토어를 열어보자

1. 우선 차별화된 콘셉트부터 챙기자

무엇이
다를까?

이제 본격적으로 스마트스토어를 만들어 보자. 네이버는 판매자들이 스마트스토어를 쉽게 이해하고 운영할 수 있도록 상세히 설명해 두었다. 따라만 해도 금세 만들어진다. 게다가 스마트스토어 개설은 누구나에게 열려 있다. 소액의 자본금, 인터넷이 되는 컴퓨터와 시간이 있다면, 언제라도 도전할 수 있다. 하지만 쉬운 만큼 많은 사람이 도전하고 있으며, 누구에게나 성공의 문이 열리지 않는다.

스마트스토어를 성공시키기 위한 방법이 생각보다 많다지만 무엇보다 중요한 건 고객의 머리에 팍팍 박히는 '한방'이다. 이미지든, 상품이든, 이름이든, 그 무엇이라도 말이다. 그러기 위해서는 기존 스마트스토어와 차별화된 콘셉트를 가져야 한다.

차별화된 콘셉트는?

1. 제품의 차별화
2. 서비스의 차별화
3. 가격의 차별화
4. 차별화된 감성적인 콘텐츠

예를 들면 미미박스는 기존의 화장품과 다르게 정기배송으로, 마켓컬리의 경우에는 장보기가 어려운 구매자를 위해 새벽 배송으로, 또 우주마켓의 랜덤박스는 어떤 제품을 받을까하는 호기심과 값비싼 아이템을 저렴하게 구매할 수 있다는 기대감으로 차별화를 두었다. 차별화는 그리 먼 곳에 있는 것이 아니다. 기존 타 스토어의 불편했던 점을 개선하는 것만으로도 차별화가 될 수 있다.

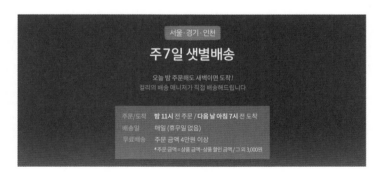

▲ 마켓컬리 샛별배송 서비스 안내

▲ 우주마켓 랜덤박스

　이미 시중에 많이 나온 일반적인 제품을 판매하는 경우, 가장 많이 노리는 방법이 저렴한 가격이다. 하지만 가격의 차별화는 특별히 기대할 수 있는 콘셉트가 아니다.

　제품을 "고객에게 어떻게 팔아야 할까?"라는 개념으로 접근하기보다는 "고객을 어떻게 유혹할까?"라는 개념으로 접근하면 어떨까? 물건을 살 때, 이성적인 뇌보다는 감성적인 뇌로 구매 판단을 한다고 한다. 리처드 탈러, 캐스 선스타인의 베스트셀러《넛지》를 보면 이런 설명이 나온다. 구매를 망설일 때 옆에서 누군가 살짝 옆구리만 찔러 주면, 해당 제품을 가진 자신의 모습을 상상하며 당장에라도 필요한 것처럼 느끼게 된다는 것이다. 예를 들어 길고 긴 설명 없이 다양한 이용자들의 전후 사진과 '당신도 가능하다'는 문구만으로도 충분히 다이어트 제품을 설명할 수 있다. 고객에게 이러한 기대감을 줄 수 있는 콘텐츠로 상세페이지를 구성한다면, 분명 고객은 빠르게 구매 결정을 하게 될 것이다.

2. 스마트스토어
계정 만들기부터가 진짜 시작

스마트스토어
사업자로!

네이버에서 스마트스토어를 검색해도 되고, 네이버 메인 하단의 **스토어 개설** 메뉴로 들어가도 된다.

▲ sell.smartstore.naver.com

판매자 가입하기는 간단하다.

▲ 스마트스토어 판매자 유형 선택

　우선 판매자 유형은 세 가지다. 사업자등록을 할 예정이지만, 아직 사업자등록증이 없다면 **개인**으로 등록해도 된다. 나중에 사업자등록증을 만든 후 **판매자 정보 〉 사업자 전환** 메뉴를 통해서 사업자로 전환할 수 있다. 일반적인 회원가입을 하는 것과 별 차이가 없으니 여기까지는 쉽게 할 수 있을 것이다(해외사업자의 경우는 외국에 거주하고 있는 판매자를 위한 유형이다).

▲ 스마트스토어 비즈니스 연결

개별적인 인증을 하다 보면, **네이버 비즈니스 서비스 연결하기**가 나온
다. 스마트스토어의 경우 네이버쇼핑에서 판매해야 하니 ON으로 설
정해주면 된다. 네이버톡톡은 필요하지 않을 경우 OFF 해도 되겠지
만, 고객의 편리함을 위해 채팅 상담 톡톡은 필수다.

▲ 판매자 정보 입력

판매자 정보 입력 시 이름이나, 연락처, 메일은 크게 신경 쓰지 않아도 된다. 다만 주소 입력의 경우 유의점이 있다. 대부분 특별한 사업장이 없는 경우 자택 주소로 입력하는 경우가 많다. 작은 차이일 수 있지만, 사업장의 주소가 아파트로 되어 있다면 고객 입장에서 너무 영세한 곳이라 생각할 수 있다. 비상주 사무실이라도 임대 사무실을 만드는 걸 추천하는 이유다. 비상주 사무실의 경우 저렴한 곳은 월 3만 원대도 가능하다. 검색하면 많은 임대업체들을 찾을 수 있을 것이다.

▲ 스마트스토어 정보 입력

그다음에는 스마트스토어 정보 입력이 필요하다.

❶ 스마트스토어 이름

- 가입 후 최초 1회만 변경할 수 있다. 조건없이 언제든 가능하다.

❷ 스마트스토어 URL

- 스마트스토어와 연관되거나 연상되는 URL 설정을 추천한다.
- 너무 긴 도메인보다 짧은 도메인으로 설정해야 한다.
- 스마스스토어 이름은 한 번 수정할 수 있지만 URL은 한 번 설정하면 수정할 수 없다.
- 별도 도메인을 가지고 있어 설정이 필요한 경우, 가입 완료 후 개인 도메인 등록이 가능하다.

▲ 스마트스토어 도메인 등록 방법

개인 도메인 등록 방법

스마트스토어 관리 〉 스토어 관리〉 개인 도메인

❸ 소개글 등록

• 간략하게 50자 내외로 작성하면 된다.

이렇게 하면 스마트스토어 가입이 끝난다. 하지만 본격적인 시작은 그다음부터다. 우선 본격적으로 스마트스토어 제작에 앞서서 네이버 쇼핑에서의 등급은 무엇인지, 스마트스토어 판매자 혜택은 무엇이 있는지 살펴보자.

시작 전에
알아두기

☑ 개인 도메인 구매방법

개인 도메인을 판매하는 곳으로 가비아(gabia.com)와 후이즈(whois.co.kr)가 있다.

▲ 가비아 도메인 검색

도메인 종류는 kr / co.kr / com / net 등 다양하다. 도메인에 따라서 가격도 다르지만 무조건 저렴한 가격을 따라 선택해서는 안 된다. 고객에게 신뢰를 주기 위해서라도 kr / co.kr / com / net 중에서 고르는 게 좋다. 더러 한글 도메인을 구매하기도 하는데, 한글 도메인의 경우 온라인 광고를 하거나, 다른 사이트에 URL을 입력할 경우 연결 문제가 생기는 경우가 많아 추천하지 않는다. 도메인 사용 요금은 1년 사용료 2~3만 원부터 시작한다.

도메인까지 구매했다면, 스토어명과 마찬가지로 상표권을 등록하는 것이 좋다. 누군가 고의로 또는 고의적이지는 않더라도 유사한 도메인으로 헷갈리게 할 수 있으니, 미리 상표권을 등록하여 보호받을 수 있도록 해야 한다.

✓ 스마트스토어 판매등급

네이버쇼핑을 보면, 스마트스토어 판매자 등급이 보인다. 현재 판매 등급은 씨앗등급에서 플래티넘 등급까지 총 6등급으로 나뉘어 지고 있다. 그리고 산정기준은 최근 3개월 판매건수/판매금액 누적 데이터를 기준으로 산정된다.

플래티넘 등급과 프리미엄 등급은 판매건수와 금액 외에 굿서비스 조건까지 충족해야 부여가 된다. 즉, 거래 규모가 충족되더라도 굿서비스 조건이 불충족하다면 빅파워 등급이 부여된다. 처음인 사람들에게는 판매 건수나 금액이 멀게 느껴질 것이다. 하지만 이제 시작이다. 한 단계씩 높여나갈 수 있다는 희망을 품도록 하자.

스마트스토어 판매등급

등급표기		필수조건		
등급명	아이콘 노출	판매 건수	판매금액	굿서비스
플래티넘	★	100,000건 이상	100억원 이상	조건 충족
프리미엄	★	2,000건 이상	6억 원 이상	조건 충족
빅파워	★	500건 이상	4천만 원 이상	
파워	★	300건 이상	800만 원 이상	-
새싹	-	100건 이상	200만 원 이상	
씨앗	-	100건 미만	200만 원 미만	

스마트스토어 등급별 상품 수

2019년 4월부터 적용

등급	상품등록 한도
플래티넘	
프리미엄	
빅파워	5만개
파워	
새싹	
씨앗	1만개

* 상품 수: 상품번호(판매중/판매대기)기준

- 등급 산정 기간과 업데이트 주기:

  최근 3개월 누적 데이터로 산정되며, 매월 2일에 해당 등급이 적용된다.

- 등급 표기 및 아이콘 노출:

  새싹, 씨앗 등급은 노출되지 않는다.

- 판매자 등급 확인 방법:

  왼쪽 메뉴의 **판매자 정보 〉 판매자 등급**으로 확인할 수 있다.

▲ 스마트스토어 판매자 등급

☑ 굿서비스란?

고객들이 온라인에서 구매할 때, 제일 크게 신경 쓰는 부분은 아니지만 중요하게 여기는 게 하나 있다. 바로 신뢰할 수 있는 업체인지에 대해서다. 이런 구매자들은 구매 전 판매자 스토어명 아래에 있는 서비스 만족도도 확인할 것이다. 굿서비스 표시는 의외로 눈에 잘 띄는 곳에 있어 **굿서비스 충족** 표시만으로도 충분히 믿음을 줄 수 있다.

▲ 스마트스토어 굿서비스 위치

▲ 네이버쇼핑 노출 시 굿서비스 위치

기준	상세
구매만족	리뷰 평점 4.5 이상
빠른배송	영업일 2일 이내 배송완료가 전체 배송건수의 80% 이상
CS응답	고객문의 1일 이내 응답이 90% 이상 (판매자 문의 기준, 상품 문의 제외)
판매건수	최소 판매건수 20건 이상 (구매확정 상품주문번호 기준, 직권취소 제외)

▲ 굿서비스 기준

☑ 제로 수수료 프로그램

최근 현금 결제보다는 카드나 페이 결제가 늘어나고 있다. 수수료
는 소비자가 아닌 판매자의 몫이다. 그렇다 보니, 판매자에게는 카드
나 페이 결제가 부담된다. 네이버에서는 소상공인들과의 상생을 위해
스타트 제로 수수료 프로그램을 진행하고 있다.

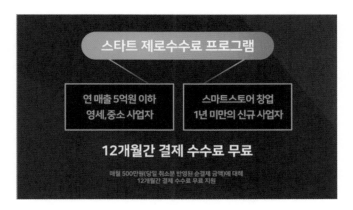

▲ 스타트 제로 수수료 프로그램

- 신청조건: 국세청 기준 소득 5억 원 이하의 영세 중소 사업자, 사업 기간 13개월 미만의 새싹, 씨앗 등급의 판매자
- 신청방법: **판매자 정보 〉 판매자 등급** 하단 **스타트 제로 수수료** 메뉴에서 신청
- 승인 일자 및 혜택 기간: 신청 다음 달 1일 일괄 승인, 지원 기간은 승인일로부터 최대 12개월
- 혜택: 매월 500만 원(순결제 금액)까지 수수료 0% 적용
- 유의 사항: 매월 순결제 금액이 500만 원에 도달할 경우 다음 달부터 해당 월의 지원은 중지, 다음 달 2일부터 다시 지원을 시작한다.

✅ 관리자 추가

스마트스토어를 혼자 운영하는 것이 아니라 여러 명이 함께 운영한다면, 각자의 아이디로 접속하는 게 유용할 것이다. 만약 여러 명이 하나의 네이버 아이디로 운영한다면 아이디, 패스워드를 공유하기가 좀 껄끄러울 수도 있다. 이럴 때도 방법은 간단하다.

판매자 정보 〉 매니저 관리 〉 매니저 초대

▲ 관리자 추가

3. 스마트스토어에 옷을 입히자

스마트스토어를 개설하고 가장 간단한 설정까지 짚어보았다면, 이제 무엇을 해야 할까? 당장이라도 상품을 등록하고 판매하고 싶은 게 당연하다. 하지만 마음이 앞선다고 일이 풀리는 건 아니다. 한 걸음씩 걷다 보면 길이 보이는 것처럼 차근차근 진행해야 한다. 가장 먼저 스마트스토어 첫 화면의 여러 메뉴를 한 번씩 클릭해서 어떤 기능이 있는지 살펴보면 좋겠다. 백문이 불여일견이라고 이렇게 글로 읽는다 해도 즉시 이해하기 위해서는 메뉴에 익숙해져야 한다.

판매 촉진을 위해서는 무엇보다 상품페이지 구성이나 디자인에 많은 정성을 들여야 한다. 온라인에서는 상품을 만질 수 없다. 오직 눈으로만 본다. 그러니 우선 눈을 자극해야 한다. 눈을 자극하기에 가장 좋은 방법은 무엇이 있을까? 상품을 '명품'처럼 보이게 하는 것이다. 처음 접하는 브랜드일지라도 상세페이지의 디자인이나 콘텐츠가 고객에게 명품처럼 인식된다면, "고급스러운데 이 정도 가격이면 정말 괜찮네"라고 생각할 것이다.

스마트스토어 뿐만 아니라 여러 쇼핑몰에서 판매하는 제품 중 가격은 고가인데 상품페이지 구성이 허술해서 저가처럼 보이는 경우를 여러 번 보았다. 이왕이면 다홍치마라고 아무리 제품력이 우수해도 우선은 고객의 눈을 만족시키는 게 우선이다.

단 PC보다 모바일 방문 고객이 더 많다는 점을 기억해야 한다. 스마트스토어 템플릿 선정이나 차후 상품등록 및 상세내용을 구성할 때도 디자인이나 폰트 크기 등을 모바일 노출 화면 기준으로 더 신경 써야 한다.

고객의 눈을 만족시키기 위해서는 브랜드 또는 제품과 어울리는 스토어의 주제 색상을 정해야 한다. 우리는 눈으로 본 것을 가장 잘 기억해낸다. 주제 색상을 템플릿과 상품페이지에 적용해 반복적으로 보여줌으로써 고객의 기억에 이미지를 남기고 안정감과 신뢰감을 주어야 한다. 주제 색상이라는 말에 갸우뚱할지도 모른다. 예로 들어 삼성의 경우, 파랑을 주제 색상으로 사용한다. 파랑은 신뢰를 주는 색이다.

그렇다면 판매하고자 하는 제품별로 어떤 색을 주제 색상으로 사용하면 좋을까? 먹거리와 부합되는 제품을 판매한다면 붉은색과 노란색, 갈색을 추천한다. 붉은색은 식욕촉진을 유발하는 색상이며, 노란색은 식욕을 당기는 색상이다. 그래서 맥도날드나 롯데리아와 같은 패스트푸드 업체에서 붉은색과 노란색을 많이 사용한다. 발효식품과 연관된 빵이나, 된장 등을 판매하는 곳이라면 갈색을 사용하는 것이 좋다. 갈색은 가을의 풍요로움과 함께 익는 이미지가 연상되는 색상이기도 하다.

희소성이 있는 제품이나, 고급 화장품, 귀금속류를 판매한다면 보라색이 좋다. 보라색은 희소성, 고귀한 느낌을 준다. 진하기에 따라 조금씩 차이가 있는데, 진한 보라색은 성숙한 여성을 타깃으로 둔 제품에 조금 더 맞고 연한 보라색은 젊은 여성층에 알맞은 색상이다.

고가의 명품, IT제품을 판매하는 곳이라면 카리스마가 있는 검은색을 사용하는 것이 좋다. 샤넬의 홈페이지를 보면 검색을 주제 색상으로 적절하게 잘 사용하고 있다. 건강 관련 제품이나, 캠핑용품, 자연 친화적인 제품을 판매하는 곳이라면 두말할 것도 없이 녹색이 좋다.

▲ 샤넬 홈페이지

주제 색상을 바탕색이라고 오해하기도 한다. 절대 바탕색이 아니다. 샤넬 홈페이지도 검은색이 주제 색이지만, 비중이 높지 않다. 전문가들도 주제 색의 비중은 5% 정도가 적당하다고 한다. 그리고 제품을 좀 더 선명하게 부각하기 위해서는 보색을 사용하는 것이 좋다. 마트에서 과일 진열한 곳을 가보면, 사과나 딸기 같은 붉은색 계통의 과일은 녹색 매대에 진열한다. 붉은색의 보색이 녹색이라, 붉은 과일을 더욱 신선하게 보이게 하는 효과가 있기 때문이다. 보색은 제품의 색을 방해하는 것이 아니라 오히려 보완해준다. 적절히 잘 사용한다면 제품을 더욱 또렷하게 인지시켜 줄 수 있다.

▲ 보색 대비표

4. 상품, 어떻게 보여줘야 팔릴까?

쇼핑몰을 제작하는 경우에는 보통 전체적인 페이지 구성을 끝낸 후 상품을 등록하지만, 스마트스토어는 우선 상품등록을 끝내야 템플릿이 실제 적용된 모습을 확인하기 쉽다. 그러니 상품등록을 먼저 끝내는 게 낫다. 모든 상품을 다 등록하지 않고 대표적인 상품 몇 가지를 등록해도 충분하다.

상품등록 시, 다양한 제품을 판매하더라도 여러 가지 상품등록은 지양한다. 네이버쇼핑에 잘 노출되기 위해서는 하나의 상품에 대한 카테고리 + 상품명 + 상품의 상세설명 + 속성이 조화를 이루어야 한다. 이것저것 여러 상품을 묶어서 하나의 상품으로 등록한다면, 동일 카테고리의 상품을 판매하더라도 최적화가 되기는 힘들다. 그러니 조금 힘이 들어도 상품은 하나씩 등록하도록 한다.

상품등록 및 수정은 모바일에서도 가능하다. 만약 컴퓨터를 쓸 수 없는 상황에서 잘못 등록한 부분을 발견했다면, 모바일로 접속해서 바로바로 수정할 수 있다. 오프라인 매장이 있어 쇼핑윈도도 함께 운영한다면, 이제 쇼핑윈도를 별도 등록할 필요 없이, 스마트스토어 한 번의 등록으로 네이버쇼핑에 함께 전시할 수 있다.

템플릿 관리 및 상품등록

5개 미만의 상품을 판매한다면 각각의 상품을 등록하는 일은 어렵지 않다. 하지만 스토어를 운영하면서 상품의 수는 늘어날 수밖에 없다. 그때마다 배송비, A/S 안내, 문의, 상품정보 등 같은 내용을 반복해서 입력해야 한다. 물론 앞서 등록한 내용을 참고할 수 있겠지만, 일일이 입력하기란 쉽지만은 않다. 이럴 때 이용하는 게 바로 템플릿이다.

처음 상품을 등록할 때, 템플릿 설정을 추가해두면 템플릿 관리에 자동으로 등록된다. 차후에 일괄적으로 수정하고 싶다면, **상품 관리 〉 템플릿 관리** 메뉴에서 수정하면 된다.

▲ 템플릿 관리

이제 상품등록을 진행해보자. 처음에는 등록할 게 너무 많아 어렵다고 느껴질 수 있다. 하지만 몇 번 연습하다 보면 익숙해지기 마련이다. 중간에 결정하지 못한 부분이 있다면, 대강 작성해두고 넘어가도 된다. 완료한 뒤 수정하면 된다. 하나가 막힌다고 해서, 그 부분만 붙잡고 있으면 진도가 나가지 않는 법이다.

메뉴 위치
상품 관리 〉 상품등록

ⓒ 카테고리 설정 / 상품명 입력
해당 상품과 연결되는 카테고리를 선택한다.

▲ 상품등록 카테고리 선택

　　상품명을 입력한 뒤에는 꼭 **상품명 검색 품질 체크**를 통해서, 상품명
이 네이버 검색에서 불합리한 부분은 없는지 체크해보길 바란다. 상
품명은 100자까지 가능하지만, 검색이 잘 되기 위해서는 긴 상품명을
피하는 게 좋다. 오히려 최적화에 방해가 된다. 마찬가지로 불필요한
특수문자는 사용하지 않도록 한다.

상품명 검색품질 체크

· 검색에 적합한 상품명 입력을 위한 가이드입니다.
· 제공하기 어려운 품질 기준도 있으므로, 자세한 사항은 검색최적화 가이드의 '상품명' 부분을 참고해주세요.

체크항목	수정해주세요
검색 내 비권장 특수문자 사용	@@

자세한 검색최적화 가이드가 궁금하다면? 검색최적화 가이드 확인 ›

확인

▲ 상품명 검색 품질 체크

✓ 입력 및 설정

▲ 판매가, 할인 입력

　최저 판매가는 10원부터고 10원 단위로 등록 가능하다. 특정 기간 제품 할인을 할 경우도 있겠지만, 상시로 정상가보다 저렴하게 판매하고 있다면 할인 부분을 설정하면 된다.

　재고 수량 부분은 중요하다. 재고 수량이 0이 되면 자동으로 품절로 노출되기 때문이다. 다양한 상품이 있다면 옵션으로 해당 상품의 재고 수량을 맞추면 된다.

▲ 단독형 옵션 예시

　　옵션은 단일 상품이 아닌, 사이즈나 색상 등 구매조건이 필요한 경
우에 사용한다. 의류나 신발 등 사이즈를 골라야 하는 경우 외에도 전
자제품처럼 색상이나 사양을 선택할 때도 사용된다.

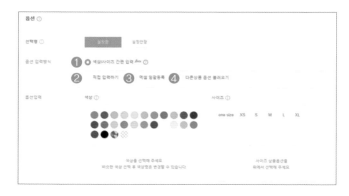

▲ 색상/사이즈 간편 입력 폼

❶ 색상/사이즈 간편 입력: 의류나 잡화 등의 특정 카테고리에만 사용 가능

❷ 직접 입력하기: 옵션 정보 입력 형태를 직접 입력

❸ 엑셀 일괄등록: 엑셀로 대량의 상품을 등록하는 기능

❹ 다른 상품 옵션 불러오기: 다른 상품으로 등록된 옵션을 복사하는 기능

가장 기본적으로 사용하는 **직접 입력 방식**에 대한 방법을 상세하게 살펴보자.

▲ 옵션 입력 창

❶ 옵션 구성 타입:

사이즈, 컬러, 용량 등 단독으로 구성할 수 있는 **단독형 옵션**과

컬러 + 사이즈 같이 조합을 해야 하는 **조합형 옵션**이 있다.

② 옵션 명 개수: 개수 선택

③ 정렬 순서: 가격순 또는 가나다순

④ 옵션 입력: 입력 시 이미지를 참고하고 꼭 콤마(,)로 구분하여 사용한다. **옵션목록으로 적용** 클릭 (조합형일 경우, 추가된 옵션 앞 박스 체크 후 옵션 가격 및 재고 수량 입력)

✅ 상품 상세설명 및 주요정보

상품 이미지는 대표 이미지 1개와 추가 이미지 9개까지 등록할 수 있다. 쇼핑윈도를 함께 이용한다면 가능한 큰 사이즈 이미지를 사용하는 게 좋은데, 윈도 대상은 750×1000 사이즈를 권장한다. 상세설명 작성은 스마트에디터 ONE(smart editor ONE)을 이용하면 된다. 처음 접한다고 하더라도 쉽게 등록할 수 있도록 메뉴 구성이 매우 직관적으로 되어 있다. 각각의 기능들이 무엇인지 안다면 등록에 어려움은 없을 것이다.

▲ smart editor 3.0

상품정보는 상품 검색 결과 페이지 내 상단에 노출되는 정보다.

▲ 상품정보 노출 예시, 디링크

▲ 상품 주요정보 입력창

❶ 모델명: 상품명과 별개로 모델명을 기입하는 부분이다. 기존의 온라인이나 오프라인에서 판매되고 있는 제품이라면, **찾기**를 통해서 제품을 찾으면 된다. 모델이 없는 경우는 직접 입력하면 된다.

❷ 브랜드/제조사: 검색 시 반영되는 부분이다. 가능하면 고객들이 많이 찾는 브랜드명이나 제조사명을 입력한다. 예를 들어 영문 Adidas가 원래 브랜드명이라 해도 한글명 아디다스로 검색을 많이 한다면 한글명 브랜드로 등록하는 것이 노출 결과에 유리하다.

❸ 상품 속성: 제품 카테고리마다 다르다. 최초 카테고리 선택을 제대로 했다면 그에 맞는 속성을 입력하면 된다. 해당 부분은 네이버쇼핑 검색 결과에 반영되는 부분이다.

❹ 인증정보: KC 인증, 어린이 제품, 친환경인증대상 등 그 외에도 인증정보 목록에 있다면 선택, 등록하면 된다.

❺ 상품상태: 기본적으로 신상품으로 입력된다. 단, 주문제작 상품일 경우, 배송에서 발송예정일 입력을 해야 한다.

✓ 상품정보제공 고시 및 배송

제품의 상세설명 외에 유통기간이나, 용량, 제조사 등을 꼼꼼하게 보는 소비자들이 늘어나고 있다. 그만큼 상품정보제공 고시 부분은 생각보다 중요하다. 스마트스토어 상품 하단에 늘 노출되는 부분으로, 가능한 상세하고 정확하게 기입해야 한다.

상품정보 제공공시	
용량 또는 중량	25ml x 10매입
제품 주요 사양	메마른 피부에 수분공급, 피부결 정돈, 유연감, 라벤더향 함유, 각종 천연 식물성 추출물 함유, 투명한 액상
사용기한 또는 개봉 후 사용기간	제조일로부터 3년이내 (개봉후 6개월 이내 사용권장)
사용방법	본 제품을 피부에 붙이고 10~20분 후 마스크팩을 제거한 다음 제품을 골고루 펴 흡수시켜 줍니다.
제조업자	상품 상세 참조
제조국	국산
제조판매업자	주식회사 엠번히메디코스
화장품법에 따라 기재 표시하여야 하는 모든성분	정제수, 글리세린, 베타인, 메탄올, 부틸렌글라이콜, 판테놀, 소듐하이알루로네이트, 쉬버풀추출물, 붉덕청로우나무엽질추출물, 자작나무수액, 호장근뿌리추출물, 황금추출물, 녹차추출물, 스테인감초뿌리추출물, 마트리카리아꽃추출물, 로즈마리잎추출물, 클란감, 병풍추출물, 라벤더오일, 하이드록시아세토페논, 1,2-헥산다이올, 프로판다이올
기능성 화장품의 경우 화장품법에 따른 식품의약품안 전처 심사 필 유무	피부진정, 속촉보습, 피부영양, 에센셜오일, 수분공급, 피부결 정돈.
사용할 때 주의사항	(1) 화장품 사용 시 또는 사용 후 직사광선에 의하여 사용부위가 붉은 반점, 부어오름 또는 가려움증 등의 이상 증상이나 부작용이 있는 경우 전문의 등과 상담할 것. (2) 상처가 있는 부위 등에는 사용을 자제할 것. (3) 보관 및 취급시의 주의사항 - (가) 어린이의 손이 닿지 않는 곳에 보관할 것 (나) 직사광선을 피해서 보관할 것 (4) 눈 주위를 피하여 사용할 것
품질보증기준	본 제품에 이상이 있을 경우 공정거래위원회 고시 '소비자분쟁해결기준'에 의해 보상받을 수 있습니다
소비자 상담 관련 전화번호	02-868-4638

▲ 상품정보제공 고시 예시

최근 배송정보 시뮬레이션을 오픈했다는 건 배송이 그만큼 중요한 사항이라는 걸 뜻한다. 이러한 배송에도 전략이 필요하다. 고객 입장에서는 제품을 구매하는 데 배송비가 부담되기도 한다. 그렇다고 업체에서 매번 배송비를 부담하기도 어렵다. 가격 결정을 할 때 배송비를 어떻게 할 것인지 구상을 해두고 입력해야 하는 이유다. 우선 유사제품 판매처들의 제품가격을 비교했을 때, 배송비 포함인지 별도인지 파악한 후 작성해야 한다. 배송 일정에 따라서 스마트스토어 등급에 영향을 끼치는데, 가능하면 **오늘 출발**로 선택하는 것이 등급 상승에 도움이 된다.

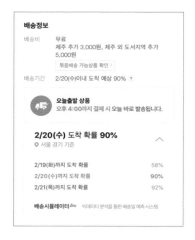

▲ 네이버 배송정보 시뮬레이션 beta 오픈

☑ 추가상품

해당 제품과 함께 필요한 제품을 판매하는 경우가 있다. 예를 들면, 면도기 판매하는 경우 면도날을 추가상품으로 넣어서 함께 판매하는 것이다.

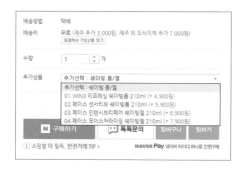

▲ 추가상품 노출 예시

추가상품은 직접 입력해도 되지만, 이미 등록한 다른 상품은 추가 상품으로 불러올 수 있다. 직접 입력하는 경우에는 다음 그림 같이 **추가상품 입력**까지 작성 후 **목록으로 적용**을 선택하면 된다.

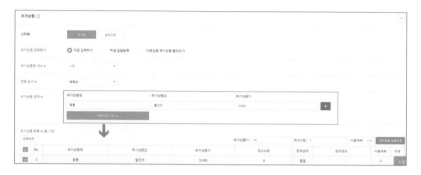

▲ 추가상품 입력

✅ 검색 설정

태그 설정

인스타그램을 통해 해시태그를 많이 봤을 것이다. 태그 설정에서 주의해야 할 점은 대다수가 본인들이 생각하는 대로 삽입한다는 것 이다. 자신만의 태그를 삽입해도 무방하다. 하지만 최소 5~6개 정도 는 네이버에서 자주 쓰이는 태그를 권한다. 사이트 상단에서 추천하 는 이벤트형 태그, 감성태그 등을 염두에 두자. 그리고 설정 후에는 **검색에 적용되는 태그 확인**을 눌러, 검색에 유용한지 꼭 파악하는 것이 좋다.

▲ 태그 설정 예시

Page title / Meta description

네이버 통합검색을 통해 일반 홈페이지들의 이름과 설명을 보았을 것이다. 유사한 기능이라고 생각하면 된다. 포털검색 페이지 노출 결과나 SNS 등에 노출될 때, 해당 제목(title)과 설명(description)이 노출된다. 또 검색로봇은 해당 제목과 설명의 키워드로 노출 결과를 결정한다. 장황한 설명보다는 간결한 키워드 단위로 구분하여 작성하는 것이 좋다.

▲ 네이버 검색 페이지 내 제목과 설명문 노출, 보니애가구

▲ 스마트스토어 내 제목과 설명문 반영

노출 채널 관리

해당 상품을 어디에 노출할지 선택하는 페이지다. 최소 1개 이상을
선택해야 하고 쇼핑윈도는 별도 심사를 통해 운영할 수 있다는 걸 참
고하자.

▲ 스마트스토어 노출 채널 설정 예시

✅ 마지막, 검색 품질 체크로 마무리

상품등록을 잘 마쳤다면, 상품등록 페이지 하단의 **검색 품질 체크**를 꼭 확인해보자. 만약 검색 품질 체크를 통해서 미흡한 점을 발견하게 되면 수정해야 한다.

▲ 상품정보 검색 품질 체크

▲ 상품정보 검색 품질 체크 결과 예시

스마트스토어
전시관리

스마트스토어 전시관리 메뉴를 클릭해 보면, [**스마트스토어**], [**카테고리 관리**] 등의 메뉴가 보일 것이다. 전시관리 메뉴는 현재 운영하는 스마트스토어 메인페이지라고 보면 된다. 고객들은 구매하려는 상품 외에 해당 스토어에서 다른 상품을 추가구매하기 위해서, 메인으로 이동해 인기상품을 찾아보기도 하고 또는 단골고객이라서, 해당 스토어의 신제품을 둘러보기로 하기에, 메인페이지 구성도 매우 중요하다.

▲ 스마트스토어 카테고리 관리

상품이 몇 가지 없는 초기에는 큰 상관이 없겠지만, 점점 상품수가 늘어난다면 가장 먼저 카테고리를 잘 설정해야 할 것이다. 그래야 차후 상품들이 늘어났을 때, 정리가 수월할 것이다. 카테고리를 정리 할 때는 대형몰을 참고 하거나 네이버 쇼핑 카테고리를 참고하여 정리하는 것이 수월하다.

카테고리 설정을 끝냈다면 다음으로 상품배치를 어떻게 할 것인가를 고민해야 한다. [인기도순], [누적판매순] 등의 정렬순서가 있다. 만약 최신상품을 보여줘서 고객의 눈길을 끌고자 한다면 [최신등록상품순]으로 배치하는 것도 좋은 방법이다.

다음으로 [스토어 전시관리]내에 있는 [스마트스토어]로 이동해 보자.

▲ 스마트스토어관리-프로모션 이미지

스마트스토어 관리로 가면, 우선 [공통관리]에서는 레이아웃과 메인 컬러를 선택할 수 있다. 선택을 완료했다면 이제 [컴포너트관리]로 이동해 보자.

컴포너트관리에서는 [**스토어이름**]과 메인이미지를 변경을 할 수 있는 [**프로모션 이미지**] 등의 메뉴를 확인해 볼 수 있다. 적용 후 확인을 할 때는 pc화면 보다는 모바일 화면으로 체크하면서 관리 메뉴들을 수정하자. 아무래도 판매자 입장에서는 pc화면을 많이 보겠지만, 구매자들 대다수가 이제는 스마트스토어 쇼핑을 할 때 모바일 접속 고객들이 훨씬 많기 때문이다. 그래서 모바일에서 볼때 가독성이 떨어지거나 굳이 필요하지 않는 메뉴들이 있다면 과감하게 off하는 것을 추천한다.

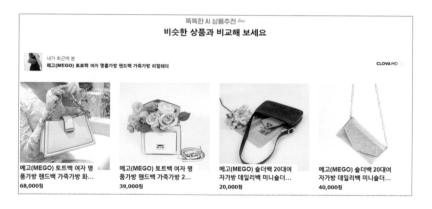

▲ 클로바AI 고객 맞춤 상품 추천

최근 네이버에서는 CLOVA(클로바) AI기술을 쇼핑에 많이 접목 시키고 있다. 그래서 고객이 최근에 본 상품과 유사한 상품을 보여준다던지, 구매가능성이 높은 제품들을 추천해 주는 경우가 많다.

컴포너트 관리메뉴의 하단으로 내려보면, [CLOVA MD **비슷한 상품 추천**] 메뉴를 통해서 노출영역을 설정하면 된다.

✅ [참고] – [CLOVA MD 상품추천] 메뉴를 추가방법

해당 메뉴는 스마트스토어센터내에서 [커머스솔루션]이라는 메뉴로 접속을 하면 된다.

▲ 커머스솔루션마켓 솔루션

[커머스솔루션] – [결제내역]으로 접속하여, 커머스솔루션마켓 바로가기로 가보면 다양한 솔루션들이 존재 할 것이다. 카페24를 해 보신분들 이라면 좀 더 이해가 빠를 것이다. 해당 솔루션들은 스마트스토어 운영시 필요한 다양한 솔루션들을 무료 또는 유료로 구매하여 나의 스마트스토어 상점에 적용을 시킬 수 있다. 아직은 솔루션이 많이 없지만, 지속적으로 필요한 서비스들이 추가 될 것으로 예상한다.

이곳에서 조금 전에 알려드린, [CLOVA 비슷한 상품추천] [CLOVA 함께 구매할 상품추천]등의 솔루션을 무료로 구매하여 사용 할 수 있다.

지금 바로 추가 가능한 솔루션!

 CLOVA 비슷한 상품추천
NAVER | 월 사용요금 무료

AI가 추천하는 비슷한 상품을 함께 보여주고, 판매 확률을 높여보세요!

자세히 보기 ➡

 CLOVA 함께 구매할 상품추천
NAVER | 월 사용요금 무료

AI가 추천하는 함께 구매할 만한 상품을 보여주고, 판매 확률을 높여보세요!

자세히 보기 ➡

 CLOVA 고객 맞춤 상품추천
NAVER | 월 사용요금 무료

스토어에 방문하는 고객 그룹별로 AI 맞춤 상품을 보여주고, 판매 확률을 높여보세요!

자세히 보기 ➡

 정기구독
NAVER | 월 사용요금 무료

정기적으로 자동 결제되는 정기구독 솔루션으로 단골고객 확보하고 매출고민 덜어보세요!

자세히 보기 ➡

▲ 레이아웃 관리

5. 쇼핑윈도는 선택이 아닌 필수!

　　네이버쇼핑에 접속하면, 상단 카테고리에 백화점윈도, 스타일윈도 등 총 12가지 쇼핑윈도들이 보인다. 오프라인 매장이 있거나 직접 재배, 제조하는 상품이 있는 경우 윈도에 입점할 수 있다. 만약 오프라인 매장을 운영하면서 스마트스토어 입점을 준비한다면 꼭 쇼핑윈도에 입점하는 것을 권한다.

　　상품 관리는 스마트스토어센터에서 함께 할 수 있지만 쇼핑윈도의 경우 신청을 한다고 해서 모두 되는 것은 아니며, 자체심사를 거쳐서 진행된다. 그리고 개인회원은 입점이 불가능하고 각 카테고리별로 입점 절차가 다르니 확인이 필요하다.

▲ PC 쇼핑윈도 카테고리

접속방법

스마트스토어센터 〉 노출관리 〉 쇼핑윈도 노출 제안

▲ 쇼핑윈도 노출 제안 페이지

▲ 사이트에서 윈도별 입점 조건을 확인할 수 있다

구매로 이어지는 상세페이지 기획 TIP

　스마트스토어 개설부터 상품등록까지 마치고 나서 가장 어려운 단계는 제품 상세페이지 구성이다. 대다수 판매자는 제품 준비 이후, 상세페이지에 올릴 해상도가 높고 연출이 좋은 사진이 필요하다고 생각한다. 대개 스튜디오를 찾아가 제품 사진을 촬영하고, 포토샵으로 보정도 마친 후 상세페이지 등록을 준비한다. 그런데 제품 촬영에 앞서 해야 할 일이 있다. 상세페이지의 기획이다. 기획은 모든 일의 시작이다. 기획 후에 제품 촬영을 하는 게 순서에 맞다. 실컷 촬영은 마쳤는데 정작 콘셉트에 맞는 사진이 없거나, 상세페이지 스토리 구성에 필요한 사진이 없는 경우가 많기 때문이다.

　상세페이지를 구성하기 위해서는 예상 타깃의 취향을 파악하고, 타깃이 많이 구매하는 제품의 상품페이지를 훑어보는 일이 먼저다. 그런 뒤에 전체적인 레이아웃을 기획하는데, 대강의 레이아웃을 구성할 때는 상단, 중단, 하단으로 나누면 간편하다. 다음으로 제품의 어떤 부분을 강조할지 즉, 제품의 중요 콘셉트를 잡아야 한다. 제품의 매력 포인트가 곧 메인 콘셉트가 되는데, 가장 쉽게 구성할 수 있는 방법은 "고객이 이 제품을 사면 무엇이 좋을까?" 즉, 고객의 이득을 중심으로 콘셉트를 정하는 것이다.

콘셉트가 정해졌다면, 그에 대한 메인카피를 정하면 된다. 메인카피는 긴 카피와 짧은 카피(15자 이내) 두 가지를 구성하는데, 짧은 카피는 키워드를 포함한 상품명으로 사용하면 된다.

제품에 대한 콘셉트와 카피가 마무리되었다면, 전체 스토리 구성을 해야 한다. 스토리에 필요한 사진 촬영과 구성에 있어 중요하게 생각해야 하는 부분은, 고객은 포토샵으로 합성한 사진보다는 실제 사진을 더 신뢰한다는 것이다. 온라인 특성상 제품을 직접 보지 않고 구매하는 경우가 많아, 사진이 중요하다.

상품페이지를 구성한 후 포토샵으로 하나의 페이지로 제작을 할 거라면 모바일용을 별도로 준비하는 게 좋다. 간혹 모바일에서 잘 안 보이는 경우가 많다. 가능하면, PC와 모바일 모두 잘 보이게끔 네이버 스마트 에디터를 이용해 제작하는 것을 추천한다.

간혹 레이아웃 디자인에 너무 신경을 쓰다가 콘셉트나 카피를 놓치는 경우가 많다. 레이아웃 디자인보다 고객이 반할만 한 메인 콘셉트와 카피, 스토리텔링에 맞는 사진 구성이 구매를 부르는 상품페이지라 할 수 있다.

3장

SMART STORE

네이버 마케팅,
그것이 문제로다

1. 고객을 어떻게 유혹할까?

스마트스토어를 개설하고, 상품을 등록하는 방법까지 알아보았다. 스마트스토어가 검색 노출이 잘 되고 반응이 좋아 판매가 된다면 참 고맙겠지만, 현실은 그렇게 녹록지 않다. 앞서 설명한 부분은 단순히 스마트스토어를 개설하고 상품등록을 하는 방법이다. 이제 어떻게 하면, 많은 경쟁사들을 제치고, 노출 빈도를 높일 것인지와 어떻게 고객을 잘 유혹해서, 상품을 구매하게 만들 수 있을까 고민해야 한다.

제품을 많이 판매하기 위해서는 고객들 눈에 띄어야 한다. 내가 사는 집 근처에 빵집이 개업했다고 치자. 퇴근길에 매일 그곳을 지나치게 된다면 평소 단골 빵집이 있더라도 새로 생긴 빵집에 한 번쯤 들어가기 마련이다. 어떻게든 많이 노출하고 고객들 눈에 익숙해져야 한다. 고객 눈에도 안 띄는데 허구한 날 할인행사를 하면 뭐하겠는가.

소용없다. 판매로 이어지지 않더라도 우선은 고객이 들어와야 어떤 경로로 들어왔는지, 왜 판매는 안 됐는지 분석하고 개선 방안을 찾을 수 있다.

네이버쇼핑에서 내가 판매하고자 하는 상품 품목을 검색하면 동일한 상품, 혹은 유사한 상품이 많이 보일 것이다. 이 많고 많은 비슷한 상품들 중 고객은 어떤 기준으로 구매하는 걸까? 우선 고객의 심리에 대해 알아야 한다.

고객들은 말과 행동이 다르다. 예를 들어 신제품 출시 체험을 한 사람들은 '우수한 제품 같네요', '꼭 구매해야 하는 아이템'이라고 말하며 SNS에서 '좋아요'도 누르지만, 실제 구매하는 상품은 타 브랜드거나 기존 제품의 유명 브랜드를 선호한다. 이렇게 행동하는 이유는 무엇일까?

우리는 모르고 있지만, 우리의 행동을 지배하는 뇌는 95% 이상 무의식 행동을 하게 만든다. 스마트폰에서 소리가 나면 우리는 무의식으로 전화를 받거나 카톡을 열어본다. 처음에는 뇌가 생각하고 움직이지만, 시간이 지날수록 생각하는 것을 피한다. 뇌는 에너지 소비를 싫어하기 때문이다.

쇼핑할 때도 마찬가지다. 처음에는 이것저것 따지면서 제품을 비교하지만, 어느 순간 비교하는 것에 지쳐 가장 무난한 상품 즉, 기존에 알고 있던 브랜드나, 남들이 추천해주는 상품을 고른다. 그래서 고객들은 상품의 상세설명보다는 제품 후기를 먼저 보고 빠르게 구매를 결정한다. 이렇듯 고객을 유혹하기 위해서는 뇌가 쉽게 생각하도록 유도하고 다양한 구매 동기를 부여해줘야 한다. 마케팅은 생각보다 단순하다. 판매자가 아닌 주변 지인이 보았을 때도 제품구매 욕구와 결제까지 이어질 만한 매력 포인트가 있어야 한다.

쇼핑할 때 우리는 가격을 얘기하지 않을 수 없다. 하지만 가격이 전부는 아니다. 고객은 가격을 우선적으로 보는 듯하지만, 가격보다는 '반값 할인', '1+1', '일일 사용료 990원', '오늘까지만 9,900원' 등 이런 카피에 더 관심을 가진다.

▲ 더페이스샵, 롯데리아 홈페이지

이런 카피는 기존 가격이 얼마였다는 사실보다 '이번 기회에 구매하면 저렴하게 구매할 수 있다'는 기대감이 앞선다. 사실 단순한 듯 보이겠지만, 가격이나 할인을 어떻게 적용하느냐에 따라 고객의 방문을 결정지을 수 있다. 그래서 상품명이나 상품 상세페이지에서도 차별화를 두어야 하는 것이다. 그렇다면 우리의 감각을 자극할 수 있는 상품명으로 써보는 것은 어떨까?

짜장 소스를 판매한다고 하자.

전통중화 짜장 소스

vs

200도로 볶은 불맛! 북경식 짜장 소스

어떤 카피가 눈길을 잡을까? 두 번째 상품명에 더 식욕이 당기지 않는가? 제목에 맞게 상세페이지에서도 해당 부분을 강조해야 한다.

그리고 또 한 가지. 보통 제품의 성능이나, 재료 등을 강조하는 상품명이 많다. 하지만 그보다는 지금 겪고 있는 상황을 벗어날 수 있다는 기대를 심어 주는 카피가 고객의 눈길을 더 쉽게 사로잡을 수 있다.

겨울용 극세사 온열 시트

vs

1분 안에 엉덩이를 뜨겁게 해줄 온열 시트

고객은 어떤 상품을 클릭할까? 단순함보다는 독특함, 그러면서 구체적인 효과를 드러내야 하는 이유다. 위의 예시와 같이 네이버 상품명 가이드에 맞추고 고객을 유혹하는 카피를 잘 만든다면 고객이 모이는 효과를 기대할 수 있다. 이밖에도 고객을 유혹하는 방법은 다양하다. 이벤트도 그중 한 가지가 될 수 있다. 스마트스토어 마케팅을 위해서는 마케팅 포인트를 몇 가지 구성해 한 가지씩 진행하고, 고객 반응을 살펴본 후 보완해 나가야 한다.

2. 결제는
상세페이지로 결정난다

고객을 끌어당기기 위해서는 네이버쇼핑 노출 상품명이나 가격, 이 벤트, 온라인 광고 상품을 이용한다. 기존 구매했던 고객이라면 굳이 상세설명이나, 다른 고객들의 후기를 보고 결정하지 않겠지만 대다수의 고객은 결제하기 전 망설이기 마련이다. 다른 곳에 더 좋고, 더 저렴한 상품이 있을지도 모른다는 의심 때문이다.

하지만 고객이 상품페이지까지 왔다면 최소한 **스토어찜**이나 **상품찜**이라도 하게 만들어야 한다. 잠재적 가망 고객으로 만들어 나중이라도 구매하게끔 만들어야 하는 것이다. 그러니 구매를 결정짓는 요소에서 상품 상세페이지는 매우 중요하다. 최종적으로 해당 상품을 구매할 만큼 매력적인 요소가 있어야 결제까지 가기 마련이다.

상품 상세페이지를 어떤 콘텐츠로 채우면 좋을까? 단순한 상품설명으로 고객을 유혹하기란 쉽지 않다. 우선은 판매자가 철저하게 소비자 입장에서 생각해야 한다. 스스로가 무언가를 살 때, 어떤 점 때문에 구매했는지 생각하면 답이 보일 것이다.

상세페이지에 있어 명쾌한 정답은 없다. 여러 페이지를 만들고 테스트를 거쳐 가장 구매 유도가 잘 되는 페이지를 선택하는 방법이 최고다. 하지만 다양한 상세페이지를 만드는 건 쉬운 일이 아니다. 상세페이지를 만들기 전, 판매가 잘되는 스마트스토어를 들어가 해당 페이지의 요소를 살펴보자. 어떤 이유로 고객의 구매가 높은지 분석해야 한다.

☑ 한 분야에서 권위 있는 인물이나, 유명인의 말 한마디

꼭 유명인이 아니라 방송 프로그램에 소개된 내용이라도 괜찮다. 신뢰할 만한 곳의 정보라면 충분하다. 글뿐만 아니라 이미지도 함께 있다면 더욱 좋다. 하지만 방송화면이나 유명인 등의 사진을 사용할 때는 저작권이나 초상권을 꼭 살펴보고 올려야 한다.

▲ 겟잇뷰티 1위 활용, 뷰라벨

예시처럼 거창하지 않아도 상관없다. 수입 유아용품이라면 'ㅁㅁ나라 엄마들이 가장 선호하는 브랜드', 전통차라면 '허준 선생 동의보감에 소개된 원기회복에 좋은 차'처럼, 신뢰성 있는 도서나 인물의 말, 해외 사례를 들어도 된다. 판매하는 제품에 인지도를 높여줄 자료부터 찾아보자.

✅ 제품이나 브랜드에 담긴 이야기

사람들은 제품이나 브랜드를 고를 때 이야기가 담긴 제품을 선호한다. 제품이나 브랜드에 이야기를 담는 것만으로도 고객에게는 충분히 '가치 있음'을 알려주는 것이다. 된장을 구매할 때, '음식 맛 좋기로 소문난 전라도 3대 종손 며느리가 담근 된장'에 더 손이 갈 것이다. 이런 소개와 함께 기와집에서 장을 담그는 할머니의 사진이 있다면 고객들은 3대 종손 며느리가 담근 된장의 맛을 기대하게 된다.

▲ 순창 김옥희 할머니의 전통 된장 쇼핑몰

음식 외에 일반 제품들도 마찬가지다. 개발에 얼마나 많은 인력과 시간을 투자했고 어떻게 제품이 탄생했는지 그 이야기와 제조과정을 담은 사진이나 영상을 올린다면 고객들의 신뢰는 더 커질 것이다.

☑ 소비자의 언어

간혹 전자제품을 구매하려 설명문을 보면 어려운 말들이 많다. 사실 고객들에게 어려운 용어 또는 실감 나지 않는 단어로 설명해봐야 소용없다.

에너지 1등급 = 한 달 내내 3단계로 가동했을 때 전기요금 1,000원

보조배터리 대용량 20000mAh = 갤럭시노트8 기준 하루 2회 완충 가능

정말 얇은 두께 = 손가락 마디와 비교한 사진 한 장

이처럼 소비자에게 와 닿는 말과 이미지로 보여줘야 하는 것이다. 스마트스토어의 상세페이지가 꼭 화려하거나 예쁘지 않아도 괜찮다. 고객의 눈높이에서 이야기해줄 수 있다면, 그것만으로도 충분하다.

☑ 구매 혜택, 이벤트 안내

다양한 이벤트와 사은품 제공 이벤트를 진행한다면 공지사항으로 노출하고 스토어 메인에도 띄울 수 있다. 하지만 고객 입장에서 생각해보자. 아무리 다양한 곳에 알린다 해도 충분히 지나칠 수 있다. 할인 이벤트나 사은품 증정은 구매 결정에 큰 이유가 될 수 있기 때문에, 상품 상세페이지에 넣어서 구매를 유도해야 한다.

▲ 나나살롱 스마트스토어 구매 혜택

☑ 긴 설명보다 이미지나 동영상으로 보여주기

장황하게 설명하는 글보다 이미지와 동영상을 적절히 배치하면 더 효과가 좋다. 고객들은 길고 긴 설명을 읽지 않는다. 이미지를 더 집중해서 보고 제품 시연 영상으로 필요성을 느낀다. 최근 스마트폰의 카메라 기능이 우수해지면서 스마트폰으로도 충분히 촬영할 수 있다.

동영상의 경우에도 동영상 편집 애플리케이션만 있다면 자막도 넣을 수 있다. 전문가 수준은 아니더라도 진솔한 이야기로 편집해 만든 영상이 화려한 영상보다 더 고객의 기억에 오래 남을 수 있다. 그러니 제품 시연 영상을 만들 때도 꼭 전체적인 스토리를 짜고, 녹음을 위해서 조용한 곳에서 촬영하길 바란다. 그리고 동영상은 15초, 30초 또는 1분 내외가 가장 적당하다. 너무 길어지면 지루해지기 마련이다. 이렇게 만든 영상은 블로그, 유튜브, 페이스북, 인스타그램 등에서도 활용할 수 있다.

▲ 동영상 편집 애플리케이션

✅ 구매 후기를 카피로 활용

상세페이지 상단과 하단에 별도로 베스트 후기나 한줄평 등의 구매 후기를 나열해보자. 고객이 어떤 점이 마음에 들어서 제품을 구매했는지 파악한 후, 핵심적인 내용을 뽑아 카피로 활용하는 것이다.

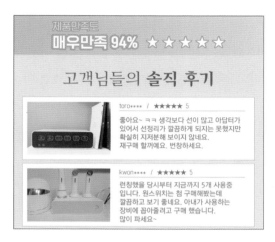

▲ 에이블루 스마트스토어

제품 상세페이지를 처음 만들 때, 고객들이 이런 점에 반해서 구매할 것이라는 전략을 세워 제작했지만, 실제 고객들은 다른 이유로 구매했을 수 있다. 그럴 땐 그 이유를 적극적으로 활용할 수 있어야 한다. 고객은 제품 상세페이지의 긴 설명보다 남들이 좋았다는 단 한마디에 더 끌릴 수밖에 없다.

✅ 관심을 끌어 올리는 상세페이지 구성

앞서 상세페이지 내용 구성을 할 때, 필요한 콘텐츠들에 대해서는 설명을 했다. 이제 상세페이지에 넣을 콘텐츠들이 준비되었지만, 어떻게 내용 구성을 하고, 전체적인 스토리를 어떻게 풀어나가야 할지 고민이 될 것이다. 소비자에게 잘 포장하여 어필을 해야 구매로 이끌어 낼 수 있기에, 매우 중요한 부분이다. 당연히 경쟁사나 인기가 좋은 상세페이지를 벤치마킹도 하겠지만, 스토리 구성에 난항을 겪는다면 아래의 내용을 참고하여, 내용 구성을 해 보는 것을 추천한다. 여러분이 괜찮다고 생각되는 상세페이지를 살펴보면 아래의 스토리대로 흘러가는 상세페이지들이 많을 것이다. 아래의 내용대로만 구성해도 충분히 좋은 상세페이지를 만들어 낼 수 있다. 한번 만들어 보고, 소비자 반응을 체크한 후 수정에 수정을 거듭한다면 분명 더 좋은 상세페이지를 만들어 낼 수 있을 것이라 생각한다.

1. 고객의 관심을 불러일으킬만한 화두를 던진다.

2. 문제점을 강조하고 고객과의 공감대를 형성한다.

3. 문제점에 대한 해결책을 제시한다.

4. 상품 혹은 서비스에 대해서 보증을 제시해 준다.

5. 구매에 따른 고객의 이익을 보여준다.

6. 고객후기 또는 체험단의 스토리를 통해서 고객과의 신뢰성을 형성한다.

7. 구매에 대한 불안감을 떨쳐 낼 수 있도록 보장을 한다.

8. 제품에 대한 희소성을 느끼게 해 준다.

9. 행동(구매유도)을 유발할 만한 광고문안을 보여준다.

10. 핵심을 다시 한번 상기시키며 마무리를 짓는다.

3. 검색 알고리즘 열쇠로
상위노출의 문을 열어라

어떻게 하면 내 상품을 상위노출 시킬 수 있을까? 이런 고민은 많은 판매자의 숙명이다. 스마트스토어는 기본적으로 네이버쇼핑 검색 노출이 판매로 이어진다. 단순하게 상품명에 해당 키워드를 넣었다고 검색 결과에 노출되는 게 아니다. 네이버쇼핑 알고리즘에 맞추어야 한다.

우선 알아야 하는 건 네이버쇼핑 검색 알고리즘이다. 네이버쇼핑 검색 알고리즘에 맞춰 전략적으로 수정한다면, 내가 원하는 곳에 노출할 수 있다. 알고리즘을 상세하게 이해할 필요는 없다. 이해한다고 해도 모든 것을 네이버 입맛에 맞추기도 어렵다. 물론 이 방법이 100% 정답은 아니다. 내가 지금 이 글을 적는 순간에도 네이버쇼핑 알고리즘이 업데이트되고 있기 때문이다. 그러니 이 책의 내용을 참고하면서, 네이버쇼핑의 공지사항을 자주 검색해야 한다. 네이버쇼핑의 새로운 개편 소식을 눈여겨보고, 그에 발맞추어서 변경해야만 네이버쇼핑 영역에 상위노출될 수 있다.

네이버쇼핑에서 찾고자 하는 상품을 검색하면, **네이버쇼핑 랭킹순**으로 상품이 보이기 마련이다.

▲ 네이버쇼핑 랭킹순

다음으로 가격이나 등록일순, 리뷰가 많은 순서다. 고객마다 원하는 게 조금씩 다를 수 있지만, 랭킹순은 **적합도 점수 + 인기도 점수 + 신뢰도 점수** 이 세 가지를 점수화하고 합산한 결과이기 때문에 가장 신뢰할 만한 결과다.

신규 상품에는 가산점이 붙어 노출이 조금 더 잘 되는 편이다. 하지만 스마트스토어 자체에 점수를 부여하고 영향을 주지는 않는다. 이제 네이버 랭킹 점수를 구성하는 요소들을 이해하고 어떻게 점수를 높일 것인가에 대한 전략을 고민해보자.

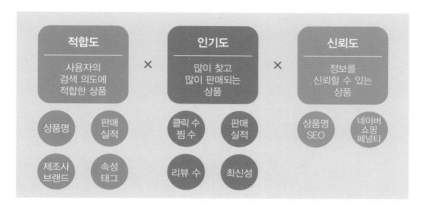

▲ 네이버쇼핑 랭킹 구성 요소

네이버도 네이버쇼핑 입점사들에 검색 랭킹에 대해 많은 질문을 받기 때문에 해당 알고리즘에 대해 정리해두었다. 네이버 상품 검색 SEO 가이드는 아래와 같이 네이버쇼핑 입점의 **FAQ/문의/약관** 내에 가이드가 있어 쉽게 찾을 수 있다. 각각의 상세한 설명은 네이버를 참고하면 된다.

▲ 네이버쇼핑 FAQ

적합도
점수 높이기

입력한 상품명, 카테고리, 제조사/브랜드, 속성 태그 등으로 어떤 것과 연관도가 높은지, 검색어와 관련해 선호하는 카테고리는 무엇인지를 산출해 적합도에 반영된다. 상품을 검색할 때, 우리는 브랜드명 + 키워드를 검색하기도 하고, 자연어 즉 일반 키워드로 상품을 검색하기도 한다. 다른 점수들이 동일하다는 가정 하에, 브랜드명 + 키워드인 '나이키 유아 신발'이라고 검색했다면 우선적으로 등록된 브랜드 '나이키'와 그다음으로 '유아 신발'이 포함된 카테고리가 상품 검색 결과에 반영된다.

영향도	상품 검색어	나이키 유아 신발
1	등록된 브랜드	나이키
2	상품 카테고리	출산/육아 〉 유아잡화 〉 신발 〉 운동화
3	상품명	나이키 키즈 에어맥스

그에 비해 '스포츠 시계'처럼 일반 키워드로 검색 시 '패션잡화 〉 시계 〉 패션 시계 〉 젤리/우레탄 밴드 시계'의 카테고리 제품을 보여준다. 즉, 네이버 알고리즘이 스포츠 시계를 '젤리/우레탄 밴드 시계'로 인식하기 때문이다. 물론 상품명에 '스포츠 시계'라는 키워드가 들어가 있는 업체에 더 높은 점수가 부여된다.

그렇다면 적합도에 영향을 주는 것들을 짚어보고 어떻게 이용할지 생각해보자.

➊ 브랜드/제조사

스마트스토어센터 〉 상품 관리 〉 상품등록 〉 상품 주요정보로 이동

> **브랜드 제조사 등록 시 주의할 점**
> · 가능하면 한글명으로 기입해야 한다.
> · 특수문자는 피해야 한다.
> · 해당 브랜드와 관련 없는 브랜드명은 넣지 말아야 한다.

브랜드 및 제조사의 명칭을 다르게 입력하지는 않을 것이다. 해당 브랜드가 네이버에 등록되어 있다면, 등록된 명칭으로 사용하면 된다. 브랜드에 '나이키'를 검색하면 여러 브랜드가 나온다. '나이키 유아 신발'을 파는 판매자가 '나이키 키즈'라는 브랜드가 아닌 '나이키'로 등록한다면 '나이키 키즈' 등록 판매자보다 노출 순위에서 밀릴 수밖에 없다.

▲ 브랜드, 제조사 입력

만약 브랜드가 등록되어 있지 않았다면, 위에서 언급한 주의사항을 피해 직접 입력하면 된다. 앞서 나이키처럼 한 브랜드에 여러 라인이 있는 경우 제품 등록 전 예상되는 고객 검색 키워드인 '브랜드명 + 키워드'로 검색해, 타사들은 어떻게 브랜드 입력을 했는지 꼭 체크할 필요가 있다.

❷ 카테고리

고객이 일반적인 키워드로 검색했을 때 결과에 가장 많은 영향을 주는 것이 카테고리다. 카테고리는 세부 카테고리까지 결정해야 한다. 카테고리를 설정하기 전에 1장에서 살펴보았던 네이버쇼핑 트렌드를 통해서 고객들이 많이 찾는 키워드를 검색해볼 필요가 있다. 노출하기를 원하는 키워드, 혹은 판매 상품에 대한 일반적인 키워드도 함께 검색해보자.

예를 들어 '마스크팩'을 검색하면 여러 카테고리가 보인다. 그중 시트 마스크팩을 판매하고 있다면 두 가지 카테고리에 등록이 가능하다. 이럴 때 제일 먼저 등록 상품 수를 체크해야 한다. '마스크시트'에 약 60만 개가 등록된 반면, '마스크/팩세트'는 6천 개가 등록되어 있다. 그래서 얼핏 생각하면 등록 수가 적은 곳의 카테고리가 상품노출에 더 유리하다고 생각할 수 있다.

▲ 네이버쇼핑 마스크팩 카테고리

▲ '마스크팩' 검색 결과

자, 여기서 한번 더 체크해 보면, 대다수 상품들 세부 카테고리가 '마스크시트'라는 것을 알 수 있다. 그렇다면 네이버쇼핑 알고리즘은 '마스크팩'을 '마스크시트' 카테고리로 우선 연결하고 있다는 뜻이다.

여기서 결정해야 한다. 내가 판매하는 상품이 여러 카테고리에 들어갈 수 있다면, 상품 수가 없는 카테고리로 연결해 상위노출을 노려 볼 수 있다. 하지만 해당 카테고리가 많이 노출되지 않는다면, 추천하지 않는다. 또 모바일에서는 카테고리가 보이지 않는다는 것도 염두에 두어야 한다. 카테고리를 통해 유입되는 고객보다 검색을 통해서 들어오는 고객이 대다수이기 때문이다. 고객이 검색하는 키워드, 검색 결과와 일치하는 카테고리로 선정하는 방법을 추천한다.

❸ 상품명

고객 검색 키워드는 1차적으로 카테고리의 영향을 받고 다음으로 상품명의 영향을 받는다. 카테고리는 선택하면 되지만, 상품명은 아니다. 게다가 대다수 판매자가 가이드에 맞지 않는 상품명을 사용해 오히려 노출 결과에 안 좋은 영향을 끼치는 경우가 많다.

상품명 작성 순서와 불필요한 부분

- 브랜드/제조사 + 모델명 + 상품유형 + 색상 + 수량 + 사이즈 + 성별 + 속성
- 50자 내외로 사용하는 것이 좋으며, 불필요한 수식어는 사용하지 않는다.
  (불필요한 수식어 예: 즉시 할인, 한정판매, 1위, 이벤트 등)
- 중복된 단어를 사용하지 않는다.
- 허용되는 특수문자 ( ), %, +, / 이외의 특수문자는 사용하지 않는다.
  가장 많이 하는 특수문자 실수는 대괄호([ ]) 사용이다.
- 상품명에 스토어명을 기입하지 않는다.

상품명에 상품 관련 검색어를 여러 가지 넣지 않는 게 좋다. 앞서 예를 들었던 마스크팩의 경우, 상품명 뒤에 '**1일 1팩 추천, 보습, 미백에 좋은 마스크팩**'을 넣었다면, 네이버 알고리즘은 '1일 1팩', '보습 마스크팩', '미백 마스크팩', '좋은 마스크팩' 4개의 키워드를 인지한다. 당

연히 해당 상품명을 어느 키워드에 맞추어야 할지 고민할 것이다.

❹ 상품 속성

　판매자들이 제대로 입력하지 않고 넘어가는 부분이 상품 속성이다. 상품 속성을 넣으면 검색 알고리즘이 상품을 더 잘 이해해 상품 노출에 용이하다. 고객들이 카테고리의 대표적인 키워드를 검색했을 때, 등록한 지 얼마 안 되는 상품이 상단에 나오기는 힘들다. 하지만 고객이 선택한 상품 속성과 맞아떨어진다면, 상위노출 기회를 얻을 수 있다.

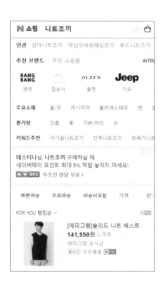

▲ 모바일 네이버쇼핑 옵션 선택

속성은 **상품 관리 〉 상품 수정 〉 상품 주요정보**에서 수정할 수 있는데,

다다익선이라 생각되어서 모든 것을 다 체크하는 잘못은 범하지 말아야 한다. 상품 속성도 일관성이 있어야 좀 더 정확히 노출된다.

▲ 스마트스토어센터 상품 속성 선택 예시

❺ 이미지

네이버 쇼핑렌즈로 제품을 찍으면
유사 제품이 검색된다. 지금은 검색이
정확하지 않지만, 점점 데이터가 쌓이
면 정확도는 높아질 것이다. 테스트
삼아 쇼핑렌즈로 촬영해보자. 쇼핑렌
즈를 염두에 두고 이미지를 등록하라
는 말은 아니다. 다만 이제는 키워드뿐
만 아니라 이미지도 네이버 알고리즘
이 인지하고 있다는 이야기를 하고 싶
은 것이다. 그래서 해상도가 낮은 사진
을 등록해서는 안 된다. 네이버쇼핑 검
색 광고를 진행해보면, 저해상도 사진
으로 등록된 상품은 심사조차 안 되는
경우가 많다.

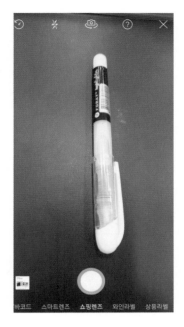

▲ 네이버 쇼핑렌즈

네이버쇼핑의 저해상도 이미지 사례로 과도한 보정, 이미지 내 텍
스트 포함, 제품 외에 소품이 함께 있는 사진, 색상별로 여러 상품을
노출하는 사진 등을 볼 수 있다.

⑥ 종합

목표 키워드 노출을 위한 상품별 전략

일반						
목표 키워드	제목(상품명이며, 모델명과 별개임)	피부타입	특징	효과1	효과2	효과2
보습 마스크팩	닥터스토리 수분케어 보습마스크팩 10매	모든 피부용		수분 공급	피부 보호	유수분밸런스 조절
미백 마스크팩	닥터스토리 미백 마스크팩 10매	모든 피부용	화이트닝 케어	광택 부여	피부톤 보정	화이트닝
천연 마스크팩	닥터스토리 트러블케어 천연마스크팩 10매	모든 피부용		영양 공급	피부 재생	피부 진정
1일1팩	닥터스토리 링클케어 1일1팩 마스크팩 10매	모든 피부용	링클케어	피부 탄력	피부 활력	생기 부여

1+1						
목표 키워드	제목(상품명이며, 모델명과 별개임)	피부타입	특징	효과1	효과2	효과2
마스크팩 행사, 보습 마스크팩	닥터스토리 수분케어 보습마스크팩행사 1+1 10매	모든 피부용		수분 공급	피부 보호	유수분밸런스 조절
마스크팩 행사, 미백 마스크팩	닥터스토리 미백 마스크팩행사 1+1 10매	모든 피부용	화이트닝 케어	광택 부여	피부톤 보정	화이트닝
마스크팩 행사, 천연 마스크팩	닥터스토리 트러블케어 천연마스크팩행사 1+1 10매	모든 피부용		영양 공급	피부 재생	피부 진정
마스크팩 행사, 1일1팩	닥터스토리 링클케어 1일1팩 마스크팩 행사 1+1 10매	모든 피부용	링클케어	피부 탄력	피부 활력	생기 부여

상품등록을 하기 전에 위와 같은 표를 한번 만들어보자. 앞서 설명했듯 상품별로 목표 키워드를 정하되 인기 키워드와 비교했을 때 조회수가 적은 키워드를 노리자. 목표 키워드는 노출 잘되는 카테고리

에 설정하고 상품명에는 목표로 하는 키워드를 포함하면 좋다. 이왕이면 상품명 가이드에 맞게 작성해야 한다.

위와 같이 등록한 결과, 이틀 후 상품별로 지정한 키워드에서는 첫 페이지에 노출되었다. 물론 상위노출까지는 한 번에 되지 않는다. 좀 더 상위로 가기 위해서는 인기도와 신뢰도가 있어야 한다.

▲ 천연 마스크팩 검색 시 첫 페이지 노출

인기도 점수
높이기

인기도는 클릭 수, 찜 수, 판매실적, 리뷰 수, 최신성을 바탕으로 반영된다.

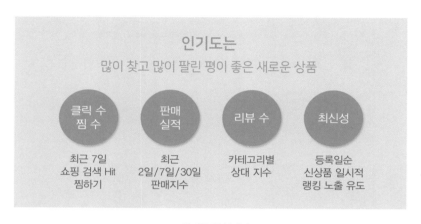

▲ 인기도 구성 요소

❶ **클릭 수/찜 수/판매실적**

최근 7일간 해당 카테고리에서 타제품의 클릭 수와 비교해 반영한다. 찜 수는 스토어가 아닌 개별 상품 '찜' 점수가 더 높다. 너도나도 알아서 구매하는 제품이라면 몰라도 초반부터 고객의 선택을 받기란 어렵다. 만약 가격 비교에 참여한 제품이라면, 더욱더 그럴 것이다. 찜 수 및 판매실적을 올리기 위해서는 쿠폰 발행이 필요하다. 스마트스토어 첫 구매 고객 혜택이나, 찜 고객에게 혜택을 주는 쿠폰을 발행할 수 있다.

❷ 리뷰 수/평점

일반적인 개별 쇼핑몰과 달리 리뷰를 마음대로 쓸 수 없다. 어디까지나 제품을 구매한 고객만 작성할 수 있다. 최종 구매를 한 후 리뷰를 달면 네이버페이를 받을 수 있기 때문에 많은 고객이 리뷰를 작성한다. 리뷰는 고객의 구매 결정에 매우 중요한 요소다. 리뷰의 경우 글만 있는 리뷰보다는 이미지, 동영상리뷰가 좀 더 큰 점수로 작용한다. 네이버에는 기본적인 리뷰외에 한 달 리뷰가 있다. 고객이 최초 리뷰를 작성하고 한 달 후 사용 후기를 한 번 더 작성할 수 있는 기능으로, 상품의 질에 공을 들여야 하는 이유다.

신규 입점한 상태에서 제품 노출 빈도가 낮다면 리뷰를 받기란 매우 어렵다. 그렇다고 직접 구매하고 리뷰를 작성하는 것은 네이버쇼핑 정책 위배 사항이다. 네이버에서는 다양한 방법으로 어뷰징 추적을 하는데, 구매자와 판매자의 IP를 추적하기도 한다. 초기에는 리뷰를 받기 위해서라도 리뷰에 대한 보상 금액(구매 포인트)을 좀 더 높게 책정하고, 할인 등 다양한 정책으로 고객을 끌어들일 수밖에는 없다.

❸ 최신성

앞서 몇 차례 얘기한 것처럼 신상품을 등록하면, 기존 상품에 비해 검색 랭킹 상위로 올라갈 확률이 높아진다. 그렇다고 해서, 상품을 재

등록하는 것은 어뷰징으로 간주하기 때문에 오히려 상품이 노출되지 않을 수 있다.

신뢰도는
어떻게 발생하는 것일까?

신뢰도는 고객이 신뢰할만한 정확한 정보를 제공하는 것을 얘기하는데, 네이버 알고리즘이 고객의 신뢰를 판단하는 건 아니다. 상품명에 과장되거나 증명할 수 없는 광고 문구, 눈에 띄게 하려고 하는 특수문자 등을 사용할 경우 마이너스 점수를 받아 신뢰도가 하락한다. 즉 신뢰도가 떨어질 때 마이너스 점수를 받는 것이다. 그러니 네이버 쇼핑의 페널티 정책을 잘 알아두어야 한다.

판매관리 페널티란, 발송지연, 품절, 클레임 처리 지연 등 판매 활동이 원활하게 이루어지지 않는 경우에 부과된다.

항목	상세 기준	페널티 부여일	점수
발송처리 지연	발송유형별 발송처리 기한까지 미발송(발송 지연 안내 처리된 건 제외)	발송처리 기한 다음 영업일에 부여	1점
	발송유형별 발송처리 기한으로부터 4영업일 경과 후에도 계속 미발송(발송 지연 안내 처리된 건 제외)	발송처리 기한 + 5영업일에 부여	3점
	발송 지연 안내 처리 후 입력된 발송 예정일로부터 1영업일 이내 미발송	발송 예정일 다음 영업일에 부여	2점
품절취소	취소 사유가 품절	품절 처리 다음 영업일에 부여	2점
반품처리 지연	수거 완료일로부터 3영업일 이상 경과	수거 완료일 + 4영업일에 부여	1점
교환처리 지연	수거 완료일로부터 3영업일 이상 경과	수거 완료일 + 4영업일에 부여	1점

페널티는 단계별 제재가 있다. 아래 네이버 설명을 참고하자.

1단계 주의	2단계 경고	3단계 이용제한

- 1단계: 주의
  최근 30일 동안 스마트스토어의 페널티 점수의 합이 10점 이상이며, 판매관리 페널티 비율(판매관리 페널티 점수의 합/결제 건수의 합)이 40% 이상이 최초로 발생한 상태이니 주의를 해야 하는 단계이다.

- 2단계: 경고
  '주의'단계를 받은 판매자 중 최근 30일 동안 스마트스토어의 페널티 점수의 합이 10점 이상이고, 판매관리 페널티 비율(판매관리 페널티 점수의 합/결제 건수의 합)이 40% 이상인 경우이며, '경고'단계를 받은 날로부터 7일간 신규

상품등록이 금지(스마트스토어센터 및 API 연동을 통한 신규 상품등록 금지)
된다.

• 3단계: 이용제한
'경고'단계를 받은 판매자 중 최근 30일 동안 스마트스토어의 페널티 점수의
합이 10점 이상이고, 판매관리 페널티 비율(판매관리 페널티 점수의 합/결제
건수의 합)이 40% 이상인 경우이며, 스마트스토어 이용정지 처리되어 판매 활
동 및 정산이 제한된다.

고의적 부당행위로 불이익을 받을 수도 있다. 여기서 고의적 부당행
위란 판매 행위 중에 구매자와 네이버에 큰 피해를 줄 수 있거나, 네
이버에서 엄격하게 금지하고 있는 행위를 하는 경우다. 고의적 부당
행위로 적발되면 이용약관과 서비스 이용 규칙 등 회사의 정책에 따
라 즉시 정지당하거나 계약이 해지될 수 있다.

고의적 부당행위 대표적 예시

1) 고객센터 상담원 혹은 고객 응대와 관련하여 피해를 입히는 경우로 아래 각 사
   항에 해당하는 경우
   ① 상담 시 상담원에게 욕설, 성적 발언을 하는 경우
   ② 판매자 연락처를 기입하지 않거나 허위로 기입하는 경우
   ③ 구매계약 및 법상의 판매자가 해결해야 할 구매자의 불만을 네이버에 책임
     을 전가하고 처리하지 않는 경우
   ④ 판매자가 연락 두절 상태인 경우
   ⑤ 기타 위에서 정하지 않았으나 각 항의 사유와 유사한 경우

2) 스마트스토어에서는 규정하고 있는 이용규칙을 고의로 악용하는 경우로 아래
   각 사항에 해당하는 경우

① 배송 전 구매 확정을 유도하는 경우
② 네이버가 정한 규정이 아닌 판매자 본인의 기준으로 반품, 교환, 취소 규정을 적용하는 경우
③ 악의적으로 AS를 피하는 경우
④ 구매자 정보를 무단으로 사용하거나 유출하는 경우
⑤ 배송 방법을 고의로 오기입하여 구매자 불만이 발생하는 경우(예시: 택배 발송인데 직접 배송으로 설정)
⑥ 가송장, 선송장을 등록한 경우
⑦ 기타 위에서 정하지 않았으나 각 항의 사유와 유사한 경우

3) 불건전한 판매 활동으로 인해 구매자의 불만을 발생시키는 경우로 아래 각 사항에 해당하는 경우
① 반품 취소 사유가 판매자 귀책임에도 불구하고, 구매자의 귀책으로 사유를 설정하여 페널티를 피하는 경우
② 배송 기한을 고객의 동의 없이 합리적인 수준 이상으로 무리하게 연장하는 경우
③ 정당한 이유 없이 배송이 과도하게 지연되는 경우(배송 지연에 대한 소명이 부적절한 경우)
④ 민원/분쟁 발생 행위
: 정당한 이유 없이 반품/환불을 거부하는 경우
: 민원/분쟁 발생 시 정당한 사유 없이 중재안을 거부하는 경우
: 정당한 이유 없이 특정 고객의 연락을 고의로 회피하는 경우
⑤ 외부 기관 민원 대응 시 적극적으로 협조하지 않을 경우
⑥ 고의적으로 구매자의 금전적 손실을 가하는 경우
⑦ 기타 위에서 정하지 않았으나 각 항의 사유와 유사한 경우

4) 네이버에 금전적 손실을 가하거나 이미지에 해를 끼치는 경우

5) 그 외 관계 법령 위반이나 회사 정책에 근거하여 고의적 부당 행위로 인정되는 경우

이밖에 상세한 안전 거래 가이드는 스마트스토어 로그인 화면 하단에서 찾을 수 있다.

▲ 안전 거래 가이드 확인

네이버
브랜드스토어 등록

　네이버쇼핑에서 상품을 등록하면 검색결과에서 소비자편의를 위해서 동일상품을 판매하는 경우 '쇼핑몰별 최저가' 또는 '브랜드카탈로그'로 묶어 노출되는 경우가 많다. 그리고 검색결과 순위를 보면 개별 상품보다 '쇼핑몰별 최저가'나 '브랜드카탈로그'가 상위에 노출되는 것을 확인을 할 수 있다.

▲ '쇼핑몰별 최저가'와 '브랜드카탈로그'

브랜드카탈로그의 경우 브랜드가 있다고 해서 브랜드카탈로그로
묶이는 것은 아니다. 브랜드가 있더라도 '브랜드패키지'에 등록을 통
해서 '브랜드스토어'가 판매하는 제품에 한해서 '브랜드카탈로그' 상
품으로 노출이 된다.

▲ 브랜드공식 판매처 최상단 노출

우리도 브랜드를 가지고 있는데, '네이버 브랜드 스토어'에 등록을 할 수 있을까? 물론 누구나 신청은 가능하다 하지만, 등록되는 것이 싶지는 않다. 그럼 브랜드패키지 등록절차에 대해서 알아보자.

브랜드 패키지에 등록하기 위해서는 쇼핑파트너센터에 로그인을 해 두어야 한다. 그리고 나서, 쇼핑파트너센터를 통해서 '브랜드패키지'페이지(https://center.shopping.naver.com/brand-info)로 접속을 하여, 브랜드권한 신청하기를 통해서 신청절차로 진행을 하면 된다.

▲ 브랜드패키지 신청 페이지

브랜드 권한이 승인되면 네이버쇼핑의 브랜드 제품 정보에 대한 권한과 책임을 갖게 됩니다. 따라서 브랜드 제품을 직접 생산하고, 브랜드 상표권을 보유한 브랜드 제조사 본사에만 권한이 부여됩니다.

만약 해외 브랜드에 대한 상표권 국내 독점 계약 또는 브랜드 권리 권한을 전적으로 위임받았다면 '브랜드 대행사'로 권한을 신청할 수 있습니다. 이 때 계약 관계와 상표권 보유 사실을 증빙할 수 있는 자료를 '상표권 계약서' 항목에 추가 제출해야 합니다.

안정적이고 효율적인 운영을 위해 네이버쇼핑에서의 인기도, 인지도, 판매 실적을 반영한 서비스 참여 기준이 있으며 기준 미달 브랜드는 권한을 신청할 수 없습니다. (매월 초 갱신)

가격비교 카탈로그 서비스 대상이 아니거나 비중이 낮은 카테고리는 브랜드 패키지 서비스 대상에 해당하지 않습니다. (예: 순금, 농축수산물, 원예식물, 상품권, 여행/문화상품 등)

☑ 브랜드 권한 신청 절차

브랜드 권한 신청버튼을 클릭후 브랜드권한 신청을 할 브랜드를 검색을 한 후 가능여부를 확인한다. 가능여부가 확인된다면 상표권 등록증과 상품분류를 작성하고 심사를 넣으면 마무리가 된다.

필자로 인지도가 높은 유명브랜드 또는 중소브랜드를 여러번 브랜드권한 신청을 위해서 신청가능여부 확인을 했지만, 신청하기가 만만치 않았다. 신청 가능한 브랜드가 되기 위해서는 우선은 해당 브랜드명 제품으로 구매도 늘고, 검색수도 늘어야 신청이 가능하다 그러니, 꾸준히 판매를 하면서 수시로 확인을 해야 한다. 그리고 상표권의 경우 신청중일때에는 등록이 심사가 되지 않으니, 상표권을 미리미리 신청하여 상표권이 나온 후 신청해야 한다.

▲ 브랜드권한 신청서

※필요서류

- 브랜드 본사 - 상표권 등록증 (국내 상표권 등록 완료)

- 브랜드대행사 – 상표권 등록증 & 상표권계약서((독점 계약 명시

  필수, 국문/영문 서류 가능)

※신청절차

서비스 약관 동의	신청 유형 선택	브랜드 선택	공식판매처 확인	담당자 정보 입력	신청완료
	(본사/대행사)	(증빙서류 제출)			

네이버쇼핑 알고리즘 TIP

네이버쇼핑의 알고리즘을 파악해보았다. 네이버 알고리즘이 겉보기에는 스마트스토어 상품별로 점수만 착실히 올리면 될 것 같지만, 사실상 타 쇼핑몰 상품과의 경쟁이다. 쇼핑 검색 랭킹순은 절대평가가 아닌 상대평가다. 다시 말해서 특정 키워드에 노출되기를 원한다면, 해당 키워드에서 노출되고 있는 타 쇼핑몰보다 더 정확한 알고리즘으로 맞춰야 한다.

쇼핑 검색 랭킹을 구성하는 **접합도, 인기도, 신뢰도** 공략에 대한 몇 가지 TIP이다.

우선 **인기도는** 인위적으로 조작할 수 없다. 인기도를 높이기 위해 판매실적이나 리뷰 수를 조작할 수 없다는 뜻이다. 하지만 가장 좋은 방법은 있다. 럭키투데이나, 기획전에 참여해서 조금이라도 클릭 수를 더 많이 받는 것이다. 그리고 네이버쇼핑 검색 광고 등을 통해서 추가적인 클릭 수도 확보하는 방법이다. 참고로 네이버쇼핑 검색 광고에서의 클릭 점수는 100% 다 반영되지 않는다. 그리고 클릭 수보다 판매실적과 쇼핑 후기가 인기도 상승에 도움 되는 것도 사실이다. 하지만 초기부터 판매실적, 쇼핑 후기를 높일 수는 없다.

잘 살펴보면 쇼핑 후기가 적어도 상단에 올라가는 업체들이 있다. 바로 **최신성 점수**가 있기 때문이다. 그렇기에 클릭 수가 초기에 확보된다면 인기도 점수를 얻는 데는 큰 문제가 없을 것이다.

신뢰도의 경우, 네이버쇼핑 정책에만 위반하지 않으면 되니 스마트스토어 초기에는 크게 신경 쓸 필요가 없다. 이보다 더 중요한 일은 스마트스토어 초기에 **접합도**를 잘 맞추는 것이다. 네이버쇼핑에서 상위로 올릴 수 있는 방법이 바로 접합도를 올리는 것이다. 우선 노출 키워드를 잘 고르는 것이 중요하다. 앞서 얘기한 것처럼 세부 키워드로 결정해야 하고 현재 노출 중인 상품의 **카테고리, 상품명, 상세 상품정보, 태그**를 파악하는 것이 중요하다. 카테고리, 상세 상품정보, 태그를 동일하게 맞추고 상품명에 포함된 키워드를 포함해 똑같이 입력해주면 된다.

다음으로 **세부 키워드**를 **상품명, 상세설명에 포함**하는 것이 중요하다. 고객은 세부 키워드로 검색을 하는 경우도 많다. '예쁜커튼파는곳'을 검색하면 검색 광고도 나오고 네이버쇼핑에도 노출되지만, '이쁜커튼파는곳'을 검색해보면 검색 광고는 없고 네이버뷰와 네이버쇼핑 첫 페이지가 나온다.

스토어에 하나의 커튼을 판매하는 건 아니다. 상품별로 A그룹은 '이쁜커튼' B그룹은 '예쁜커튼'을 포함해 상품명에 작성하고, 상품 상세페이지에도 넣어준다면 적합도가 올라가 노출이 잘 되게끔 할 수 있다.

네이버쇼핑 알고리즘이 어렵게 보일 수 있지만, 구성 요소를 잘 이해하고 적용한다면 큰 어려움은 없을 것이다.

4장

SMART STORE

어디에서, 어떻게 보여주고
얼마나 팔 것인가?

1. 광고, 이렇게 많았어?

광고는
무궁무진하다

　온라인 매장을 오픈했다면, 이제는 고객에게 제대로 알려야 한다. 네이버쇼핑에 내가 등록한 제품과 연관된 키워드를 검색해보면, 경쟁해야 할 스토어가 무수히 많다. 여기에서 내 제품이 상위에 노출되려면, 네이버의 알고리즘에 맞추는 것은 물론이고, 판매실적과 제품구매 후기가 달려야 한다. 그런데 홍보가 없다면 누가 나의 스토어를 알아서 찾아와줄까?

　온라인은 많은 비용으로 대대적으로 하지 않는 이상 티도 나지 않는다. 그렇기 때문에 온라인 마케팅은 꾸준함이 참 중요하다.

　온라인쇼핑 사용자가 나의 스토어에 꾸준하게 많이 방문해야 제품이 많이 판매된다는 것은 당연한 이치다. 온라인쇼핑몰 광고 운영대행 경험상 온라인 광고를 통해 평균 100명의 고객이 방문한다고 하면, 구매하는 고객은 2~3% 정도밖에 안 된다. 그렇기 때문에 얼마나 많은 고객을 들어오게 만드느냐가 관건이다.

판매가 많이 이루어지기 위해서는 무엇보다 필요한 것이 높은 방문자 수다. 초기에는 유료광고나 바이럴 마케팅으로 고객들을 유치할 수 있다. 하지만 꾸준히 고객이 방문하고 큰돈이 안 들어가는 방법을 찾아야 한다.

방문자를 확보하는 전략 방향을 세우기 위해서, 우선은 네이버쇼핑으로 가보자. 나의 상품이 노출되는 카테고리를 살피고 연관된 키워드를 검색해보면, 상위노출이 된다고 하더라도 가장 맨 위에는 네이버쇼핑 검색 광고가 자리를 차지하고 있다.

다년간 온라인 검색 광고를 해본 결과, 최상위 1위, 2위와 그 아래는 하늘과 땅 차이만큼은 아니더라도 클릭 수가 최대 2배 정도 차이나기도 한다. 상단부터 둘러보는 고객이 아래 상품을 보기 전에 마음에 드는 상품을 발견했다면, 비교도 하지 않고 구매한다. 만약 아래 상품과 비교를 한다고 하더라도 두 상품이 비슷하다면, '초두 효과'라고 해서 앞서 본 상품을 더 기억한다.

네이버쇼핑 노출만으로는 방문자를 끌어당기기에는 턱없이 부족하다. 이럴 때, 온라인 마케팅을 통해 방문자를 늘리는 방법이 필요하다. 어느 정도 비용이 들어가겠지만, 매출이 나오고 재유입 고객이 생겨 유지만 된다면 충분히 감수할 수 있다.

고객들은 꼭 네이버쇼핑에만 국한되어 상품을 찾아보지 않는다. 최근에는 그 영역이 소셜미디어까지 확대되어 커뮤니케이션 공간에서 제품의 정보를 찾기도 한다. 아래 그림은 구글GDN 광고다.

▲ 구글GDN 광고를 통한 스마트스토어 홍보

이번 장에서는 스마스토어에서 제품을 판매하면서 함께 진행해야 할 다양한 마케팅 방법에 대해 알아볼 것이다. 내 전문 분야이기도 하다. 필수로 진행해보았으면 하는 중요한 광고는 진행 방법까지 상세히 다루었으며, 광고 외에도 다양한 SNS 채널 운영 방안과 인플루언서 마케팅에 대한 설명도 함께 담았다.

CPC, CPM 무슨 말이야?
광고용어 알고 갑시다

 스마트스토어 마케팅의 다양한 상품 소개에 앞서 간단하게라도 온라인 광고에서 자주 사용되는 용어 정도는 알고 가자. 간단한 용어도 모른 채 온라인 광고를 운영할 수는 없다. 전문지식을 필요로 하는 것도 아니고 용어의 개념만 알아도 충분하다. 광고를 직접 운영하거나, 차후 광고 대행사에 맡기게 되더라도 기초적인 상식은 있어야 한다.

광고용어	설명
CPC(Cost Per Click)	• 노출과 관계없이 한 번 클릭이 일어날 때마다 소진되는 비용이다. • 검색 광고가 대표적인 CPC 광고이고 대다수 CPC 광고가 실시간 입찰경쟁으로 가격이 변동된다.
CPM(Cost Per Mille)	• 노출 수 1,000회에 따른 과금 비용을 뜻한다. 예를 들어, CPM 2,000원인 광고는 1,000회 노출되었을 때, 2,000원인 셈이다.
CPP/CPT	• CPP는 노출이나 클릭과 상관없이 기간(보통 1주일 단위)으로 과금이 산정되는 광고다. • CPT는 시간당 과금되는 광고다.
CPA(Cost Per Action)	• 액션(회원가입, 이벤트 참여 등) 당 과금되는 광고
CPV(Cost Per View)	• 조회수 과금이다. 예를 들면 유튜브 영상광고 시 노출 수나, 클릭 수와 무관하게 일정 시간 이상 플레이되었을 때, VIEW 1회당 지불하는 광고비를 말한다.
CTR(Click Through Rate)	• 광고 노출 수 대비 클릭된 비율을 의미한다.
입찰가	• 클릭 1회당 지불 가능한 최대 금액이다.
품질 지수	• 광고의 품질을 나타내는 지표로, 등록한 광고가 검색 사용자들에게 얼마나 유용한지, 얼마나 높은 성과를 내고 있는지를 반영한 지수다. • 참고로 CPC 광고 시 품질 지수가 높으면 CPC를 적게 내고 높은 순위를 유지할 수 있다.
T&D(Title&Description)	• 키워드 광고 소재의 제목(Title)과 설명 문구(Description)를 의미한다.

무효클릭	• 불법적인 시스템에 의한 클릭 및 구매 의사(정보 탐색 의사)가 없다고 판단되는 특정 패턴의 클릭을 의미한다(중복클릭을 포함한다).
전환	• 구매, 회원가입 등 전환이 발생한 데이터
랜딩 페이지	• 광고를 클릭했을 때 연결되는 페이지다.
ROAS(Revenue on Ad Spending)	• 광고비 지불을 통해 광고주가 얻은 매출을 의미한다. • ROAS = 광고주 매출액 ÷ 광고비 × 100
ROI(Return On Investment)	• 광고비 지불을 통해 광고주가 얻은 이익이나 효과를 의미하며, 로그 분석 등을 통해 측정할 수 있다. (판매이익/광고비용)

온라인 광고를 하게 되면 표에 있는 용어가 익숙해질 것이다. 최근에는 CPC 과금으로 이루어지는 상품이 많다. 앞으로 설명할 네이버 쇼핑 검색 광고와 대다수의 검색 광고도 여기에 속한다. 그리고 네트워크 배너 광고인 구글 디스플레이 광고, 카카오 모먼트의 디스플레이 광고도 여기에 속한다. 노출이 아무리 많이 되더라도 고객이 스토어로 방문하지 않는 한 과금되지 않는다.

요즘에는 과금방식을 자유롭게 선택을 할 수 있는 배너광고들이 점점 늘어나고 있다. 그래서 광고의 목적에 따라 과금방식을 선택하면 된다. 예를 들어 많은 노출을 원한다면 노출당 과금하는 CPM을 선택하고, 노출보다는 클릭이 되어서 페이지로 방문을 했을 때 과금되기를 원한다면 CPC과금 방식을 선택할 수 있다.

어느 날 네이버의 검색차트를 열어보니 화장품 업체 마녀공장이 실시간 검색 1위로 올라와 있었다. 무슨 일이 생긴 걸까? 클릭해보니 이벤트 소식이었다. 마녀공장처럼 인지도 있는 쇼핑몰의 경우 할인

소식만으로도 실시간 검색차트 1위에 오른다. 이 정도까지의 파워가 있지는 않겠지만, 이슈로 많은 고객의 방문이 예상된다면 어떤 광고를 해야 좋을까? 특가 할인행사라면 CPC 과금보다는 CPM 과금이나 기간제 광고인 CPP, CPT 과금 형태의 광고를 이용하는 게 유리하다.

온라인 광고는 돈을 지불해야 한다. 모든 광고를 한 번씩 경험해보면 좋겠지만, 그렇게 하기에는 시간과 돈이 많이 들어간다. 그 때문에 평소에 진행해야 할 기본적인 광고와 이벤트 기간에 할 만한 광고를 잘 골라야 한다. 물론 고객이 많이 찾아올 수 있도록 광고 상품별 주요 이용자들 즉, 타깃에 대해서도 잘 파악해야 한다. 페이스북 광고만 보더라도 타깃 없이 그냥 노출하면, 순식간에 돈만 빠져나가고 그 효과는 전혀 못 얻게 된다.

2. 쇼핑 검색 광고부터 시작해 상위노출까지!

    네이버쇼핑에서 검색하는 고객에게 노출되어야 구매 확률이 높아진다고 누차 얘기했다. 네이버쇼핑 검색 광고는 콘텐츠 검색 광고보다 스마트스토어와의 관련성이 높다. 네이버쇼핑 상위노출 전략을 앞서 다루었지만, 하루아침에 달성할 수 있는 일이 아니다. 신규 업체들이 초반에 쉽게 상위노출할 수 있는 방법이 바로 네이버쇼핑 검색 광고다. 하지만 네이버쇼핑에서 기존 업체를 이기고 상위노출되는 것은 입점 초기 업체에 어려운 일이다. 그러니 전략적으로 움직여 적은 비용으로 많은 고객을 끌어모아야 한다. 여기서 네이버쇼핑 검색 광고 진행 방법과 노하우를 순차적으로 알아보자.

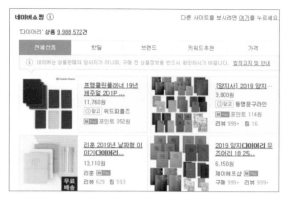

▲ PC 온라인쇼핑 광고 영역, 상위 2개 노출   ▲ 모바일쇼핑 광고 영역,
　　　　　　　　　　　　　　　　　　　　　　　　　　　상위 2개 노출

참고로 스마트스토어를 시작을 하면 귀신같이 많은 대행사에 연락이 올 것이다. 사업초기에 여기 저기 신경써야 하는 곳이 많기에 광고에 대해서 전혀 감이 잡히지 않는다면 대행사에 맡기는 편이 오히려 수월할 수 있다. 그런데 초기에는 관리를 잘해 주는듯 하다가 어느순간 점점 소홀해 지는 대행사들이 많으니, 항상 광고체크를 수시로 하는 것이 중요하다. 그래서 간단하게 라도 광고관리 시스템을 접속하여, 체크할 수 있는 능력까지는 키워두는 것이 중요하다.

네이버 광고
설정하기

가장 먼저 네이버 광고 시스템에 가입해야 한다. 가능하면 사업자로 가입하는 것을 권장한다.

▲ 네이버 광고 시스템 searchad.naver.com

▲ 캠페인 유형 선택

회원가입 후 로그인을 했다면, 첫 화면 왼쪽 상단에 **광고 만들기**가 보일 것이다. 네이버 광고 시스템을 통해서 진행할 수 있는 광고 목록이 나오는데, 네이버쇼핑 검색 광고라면 **쇼핑 검색 유형**을 선택하고 내용을 작성하면 된다.

이때 캠페인 그룹 만들기가 있는데, 그룹에서는 광고에 대한 다양한 옵션을 설정할 수 있다. 상품 가지 수가 많다면, 그룹을 상품 카테고리별로 묶거나 인기제품, 비인기 제품, 신상품 등으로 묶어서 이용해도 된다. 상품 가지 수가 많지 않다면 굳이 그룹을 나누지 말고 하나의 그룹으로 이용하자.

▲ 그룹유형 선택

네이버쇼핑에 등록된 상품이라면 모두 등록 가능한 **쇼핑몰 상품형**이 있고, 디지털/가전 카테고리만 운영을 할 수 있는 **제품 카탈로그형**이 있다. 제품 카탈로그형은 진행할 수 있는 업체가 제한적인데, 제조사/브랜드사, 국내 독점 유통권 계약자만 광고를 진행할 수 있다. 그리고 쇼핑 브랜드형이 있는데, 쇼핑 브랜드형은 스마트스토어 브랜드 공식몰만 이용을 할 수 있다.

▲ 제품 카탈로그형 이미지 예시

그룹 생성을 완료한 후 이제 광고 진행할 상품을 선택해야 한다. 광고 상품을 찾는 방법은 여러 가지가 있다. ① 상품명으로 검색하거나, ② 카테고리로 찾을 수도 있다. 또는 유사카테고리나 유사상품이 많을 경우 ③ 상품 ID 또는 네이버쇼핑 상품 ID를 검색으로 찾을 수 있다. 상품을 검색한 후 ④ 검색 결과에서 추가 버튼만 누르면 상품 추가가 완료된다.

▲ 상품 검색 및 상품 추가

광고 만들기까지 완료하면, 소재 검수라는 안내 문구가 나온다. 평일이라면 당일 4시간 이내, 늦어져도 1일 정도면 검수가 끝난다. 검수 완료 후 광고를 OFF 처리하지 않았다면 광고는 자동으로 노출된다.

┌─ 알고 갑시다 ─

Q 저는 1일이 지났는데도 검수 중인데, 어떻게 해야 하나요?

A 네이버는 광고비 충전이 되어 있어야 광고 검수가 진행됩니다. 광고 심사를 위해서는 미리 광고비 충전을 해야 합니다.

!?

광고 관리
어떻게 해야 할까?

광고 노출 이후 운영이 어떻게 되고 있는지 체크해야 한다. 설정 변경이나 입찰가 변경이 필요할 수도 있다. 때에 따라서는 광고가 노출되지 않는 상품 소재도 있으니, 확인하면서 관리하도록 한다.

☐	ON/OFF ⑦ ⇕	상태 ⑦ ⇕	광고그룹 이름 ⑦ ⇕	기본 입찰가 ⑦ ⇕	노출수 ⑦ ⇕	클릭수 ⑦ ⇕	클릭률(%) ⑦ ⇕
			광고그룹 10개 결과		317	2	0.64%
☐	ON	노출가능		500원	317	2	0.64%
☐	OFF	중지:그룹 OFF		220원	0	0	0.00%
☐	ON	노출가능		400원	0	0	0.00%

▲ 광고 그룹 설정 변경

설정을 바꾸는 방법은 간단하다. 캠페인이나 그룹 내 이름에 마우스를 올려두면 펜 그림이 나온다. 그 그림을 클릭하면 앞서 설정한 캠페인이나 그룹 옵션을 변경할 수 있다. 광고가 진행되었다면, 노출 수, 클릭 수, 기본 입찰가, 실제 클릭당 비용 등을 확인할 수 있다. 쇼핑 검색 광고의 경우 정확한 입찰가를 알 수 없으니 1~2일 정도 살피고 노출이 높지 않다면, 입찰가를 변경해 제대로 노출되는지 확인해야 할 것이다.

입찰가는 그룹이나 소재에서 변경이 가능하다. 그룹 입찰가를 변경하면 기본 입찰가를 사용하는 소재들은 그룹의 입찰가와 동일하게 변경된다. 소재별로 입찰가를 변경하고 싶다면, 아래와 같이 **현재 입찰가**를 클릭해 개별 입찰가를 변경할 수 있다.

▲ 입찰가 변경

보통 어떻게 노출 키워드를 설정할 수 있는지 궁금해한다. 쇼핑 검색 광고는 키워드를 결정하지 못한다. 그렇기 때문에 나의 상품이 고객들이 많이 찾는 키워드와 잘 연결되는지 정도는 확인할 필요가 있다.

쇼핑 검색 광고도 네이버쇼핑 알고리즘의 영향을 받는다. 입찰가를 아무리 높여도 쇼핑 알고리즘에 맞지 않는다면, 내가 원하는 키워드에 노출되지 않는다. 우선은 어떤 키워드에서 나의 상품이 잘 노출되었는지부터 살펴보아야 한다. **캠페인 〉 그룹 〉 소재 페이지**에 들어가, **제외 키워드** 메뉴에서 확인할 수 있다.

▲ 제외 키워드 리스트

제외 키워드를 클릭하면, **노출 제외 키워드 추가** 팝업이 뜬다. 이 메뉴는 연관이 없는 검색어로 상품이 불필요하게 노출되는 것을 막기 위해 제외 키워드를 설정하는 메뉴다. 여기에서 어떤 키워드에 노출되는지도 확인할 수 있다. 참고로 기간을 별도로 설정할 수 없고 노출이 불필요한 키워드를 제외 키워드로 지정하면, 해당 키워드에는 노출이 되지 않는다.

이 광고에서는 홍보 문구 추가가 가능하다. 다음 그림을 보면 카테고리 아래에 '겨울 신상 10% 세일'이라는 홍보 문구가 있다. **캠페인 〉 그룹 〉 소재** 영역으로 들어가면, **확장 소재**라는 메뉴가 보일 것이다. 그곳에서 **새 확장 소재**를 클릭하면, 추가 홍보 문구 작성이 가능하다.

▲ 쇼핑 검색 광고 확장 소재

▲ 쇼핑 검색 광고 확장 소재 추가

소재 등록을 했는데, **소재 연동 제한**으로 광고 검수를 통과 못 하는 상품이 있다. 검수 당시 제품 재고가 없다거나 이미지 내에 텍스트 때문이든 여러 가지 사유가 있을 수 있다. 그래서 이미지를 교체해야 할 경우도 있을 것이고, 또는 상품명 제목을 스마트스토어와 다르게 홍보용 제목으로 등록해야 할 경우도 있을 것이다. 이럴 때 이미지 수정과 상품명 수정이 필요하다.

광고 소재에 **상세보기**가 있다. 클릭하면 오른쪽 위에 **수정 버튼**이 있다.

▲ 소재 수정 방법, 상세보기 클릭

▲ 상품명 변경 및 이미지 변경

노출용 상품명을 별도로 작성하면, 검색 광고에 노출될 것이다. 상품명 외 이미지도 노출용으로 별도 등록할 수 있다.

소재수정을 완료 했다면 다음으로 쇼핑상품 부가정보(무료배송여부, 리뷰수, 구매수, 찜수)를 노출하여, 구매 유도를 해 보자. 쇼핑 상품 부가 정보를 추가하기는 앞서 '상품명 변경 및 이미지 변경'을 한 페이지 하단으로 스크롤을 조금 내려다 보면 '확장소재'라는 부분이 있다. '새확장소재'를 클릭하여, [쇼핑 상품 부가정보]를 노출 시킬 수 있다.

상품을 처음으로 등록하여, 아직 구매후기나 구매건수가 적다면 오히려 노출하는 것이 독이 될 수 있다. 그렇기 때문에 구매후기 및 구매건수가 조금은 쌓인 후에 사용해 보시는 것을 권장한다.

쇼핑 검색 광고의 경우 많은 관리를 필요로 하지는 않지만, 내가 원하는 키워드 노출이 잘 되고 있는지 수시로 파악할 필요가 있다. 그리고 제외 키워드를 이용해 불필요한 키워드로 클릭만 일어나고 있는지도 살펴야 한다. 덧붙여 설명하자면 메인 인기 키워드는 비용이 많이 들어간다. 세부 키워드 노출만 원한다면 메인 키워드 1~2개는 노출 제외하는 것도 좋은 전략이다.

만약 노출은 많이 되는데 클릭이 안 된다면, 상품 인지도가 떨어지는 것이다. 또 클릭은 잘 되는데, 구매가 안 된다면 유사상품을 판매하는 스토어와 가격 비교를 해보거나, 이벤트와 함께 다시 진행해보길 권한다.

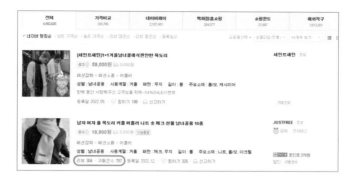

▲ 네이버 쇼핑검색광고 - 부가정보노출

— 알고 갑시다 —

Q 입찰 순위는 어떻게 결정이 되나요?

A 입찰 순위는 품질 지수 + 입찰가로 결정된다. 여기서 품질 지수란 키워드와 소재 연결이 잘 되었는지를 판단하는 척도다. 동일 순위에서 타 제품 대비 클릭률이 높다면, 품질 지수가 빠르게 상승한다. 최초 시작 시 품질 지수는 7칸 중 4칸을 차지한다. 만약 4칸 이하로 떨어진다면, 품질 지수가 낮아졌다는 뜻으로 남들보다 높은 입찰가로 진행해야 한다. 그렇다면 차라리 삭제하고 다시 검수받아 신규로 진행하면 입찰가가 낮아질 것이다.

⁉

3. 고객을 사로잡는
파워콘텐츠 광고

실제로 상품을 접한 적 없는 고객들은 블로그나 카페를 통해서 다른 사람들이 올려둔 후기를 통해서 결정하게 된다. 요즘은 인플루언서들의 영향력이 커져서 구매 결정에 많은 영향을 주고 있다.

PC에서나 모바일의 통합 검색에서 **파워콘텐츠**(사이트 내 파워컨텐츠) 영역을 볼 수 있다. 이 광고를 클릭하면, 쇼핑몰이 아닌 블로그나 카페로 연결된다. 자사의 블로그나 파워블로그 체험단을 통해서 리뷰, 후기를 작성해서 올렸더라도 항상 상위에 노출된다는 보장은 없다. 하지만 이 광고 상품을 이용하면 고객이 검색한 결과 화면 첫 페이지에 노출된다는 장점이 있다.

광고를 진행할 때 검색한 키워드에 노출이 안 되는 경우도 있다. 네이버에서 모든 키워드를 콘텐츠 검색 광고로 진행할 수 없기 때문이다. 오로지 네이버에서 지정한 키워드만 가능하다. **네이버 파워콘텐츠**

를 검색하면 키워드 리스트를 쉽게 찾을 수 있다.

▲ 파워콘텐츠 광고 노출 예시

　콘텐츠 검색 광고에는 두 가지가 있다. 정보형과 상품형이다. 상품을 판매할 땐 상품형을 이용해야 한다. 일반적인 블로그 리뷰와 달리, 파워콘텐츠 광고는 꼭 가이드를 지켜야 한다. 만약 가이드를 지키지 않는다면, 검수 거부로 글을 다시 작성해야 한다. 네이버는 한번 등록한 콘텐츠를 수정하는 것을 매우 싫어한다. 그러니 간단한 가이드만 잘 지키면 큰 문제 없이 통과할 수 있다.

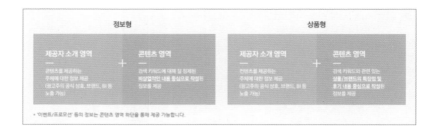

* '이벤트/프로모션' 등의 정보는 콘텐츠 영역 하단을 통해 제공 가능합니다.

가이드에서 꼭 기억해야 하는 부분은 포스팅의 초반 내용에 콘텐츠를 제공하는 주체가 누구인지 밝혀야 한다는 점이다. 그리고 글의 중반은 사용 후기를 넣고 마지막에는 구매 경로를 링크로 넣어 주는 것이 좋다. 잘 모르겠다면 타사 광고를 벤치마킹하면 된다. 고객이 구매 경로를 찾지 못해 유사한 타사 제품을 구매하도록 돕는 실수는 하지 말자.

콘텐츠 검색 광고
만들기

네이버쇼핑 검색과 동일하게 네이버 광고 시스템을 통해서 해당 광고를 진행할 수 있다. 네이버쇼핑 검색 광고를 만드는 것과 큰 차이가 없다. **캠페인 유형**에서 **파워콘텐츠 유형**을 선택하면 된다.

캠페인을 세팅 후 그룹세팅을 마쳤다면 키워드를 추가해 보자. ①
오른편의 **키워드로 찾기**나 **카테고리로 찾기**에서 찾아도 되고, 미리 진행
할 키워드를 오른쪽 **선택한 키워드**에 바로 입력해도 된다. ② 키워드를
추가했다면 예상되는 노출 수나 예상 비용이 궁금할 것이다. **추가 실
적 예상하기 > 자세히 보기**에서 키워드별 예상 실적을 확인할 수 있다.
③ 키워드별 예상 실적 상세의 **충분한 예산, 방문자 극대화 전략**은 상위
노출 시켰을 경우 예상되는 비용이다.

파워콘텐츠 광고 효과를 보기 위해서는 포스팅 내용 정보가 중요
하다. 그렇다고 너무 설명을 많이 넣어 글이 길어진다거나, 장점만 나
열해서는 안 된다. 포스팅 내용은 짧게 쓰고 꼭 핵심 포인트만 강조해
야 한다.

▲ 소재 예시

①	이미지	**랜딩 페이지 내 확인**되는 이미지 사용	
②	제목	콘텐츠를 대표할 수 있는 문구 작성	
③	설명문구	**랜딩 페이지 내 발췌된** 연속된 문장 작성	
④	업체(브랜드)명	**업체 URL에서 확인되는 '업체명' 또는 '사이트명' 기재**	
⑤	콘텐츠 발행일	콘텐츠 발행일 기재(최근 6개월 이내)	
⑥	제품 출시일	**해당사항 없음(미노출)**	**제품 출시 '년', '월', '일' 등록** (선택사항)

4. 원하는 키워드로 노출되는 일반 검색 광고

일반 검색 광고
이용 노하우

    네이버쇼핑 검색 광고는 진행하지만, 일반 검색 광고는 운영하지 않는 경우가 많다. 검색 광고를 일반 쇼핑몰 영역으로 생각해서 진행하지 않는 경우가 많은데, 스마트스토어와 쇼핑몰을 겸한다면 검색 광고는 필수다. 네이버쇼핑 검색 광고는 키워드를 선택할 수 없기에 한계가 있다. 일반 검색 광고를 통해서 쇼핑 검색 광고가 노출하지 못하는 키워드를 보완해야 한다.

    네이버앱에서 쇼핑 관련 키워드를 검색해보면, 키워드 광고보다 네이버쇼핑 영역이 상단을 차지한다. 키워드마다 유저들이 검색 후 가장 많이 찾는 순서를 반영해 정해진다고 하지만 쇼핑 관련 키워드에서 일반 검색 광고의 위치가 하단에 있는 건 사실이다. 하지만 PC에서는 여전히 상위에 검색 광고가 차지하고 있다. 또 앞서 설명한 것처럼 네이버쇼핑 검색 광고는 매칭되어야 노출되지만, 일반 검색 광고는 내가 원하는 키워드를 마음껏 쓸 수 있다.

네이버쇼핑 검색 광고는 개별 상품만을 홍보할 수 있는 반면 일반 검색 광고는 스마트스토어 전체 상품을 한 번에 보여 줄 수 있다는 장점도 있다. 네이버쇼핑으로 방문한 고객은 업체보다 선택한 제품을 더 기억한다. 그리고 우선 가격이 눈에 띄어서 제품에 대한 설명을 보기 전부터 가격에 눈이 갈 수밖에 없다. 그에 비해서 검색 광고는 업체명과 설명문을 바로 노출시켜 방문 고객들이 쇼핑몰 이름을 좀 더 기억하게 된다. 그리고 타사와 가격 비교가 바로 되지 않아 가격보다는 제품 자체를 더 주의 깊게 볼 수밖에 없다.

앞서 네이버 광고 시스템에 가입해서 네이버의 다른 광고를 살펴보았다. 검색 광고도 유사한 방법이라서 어렵지 않게 진행을 할 수 있다. 고급 기능은 광고 플랫폼에 익숙해지면 네이버 광고 교육을 통해서 배우는 방법도 있으니, 필수로 진행해야 하는 것부터 알아보자.

일반 검색 광고를 진행하기에 앞서서 키워드 선정과 검색 광고 세트를 먼저 작성해두는 게 편하다.

▲ 키워드 광고 프로세스

키워드 도구를 통해 미리 키워드를 선정했다면 그룹별로 묶어야 한다. 하나의 그룹에 소재 즉 제목과 설명문안, URL을 동일하게 적용된다. 그래야 그룹 내 키워드가 똑같이 노출된다.

아래와 같이 그룹을 별도로 정리를 해둔다면 검색 광고 등록에 편리하다. 그렇지 않고 즉흥적으로 작성하면, 제목과 설명문안이 중구난방이고 타 그룹에 동일한 키워드를 사용하게 되는 과오를 범하게 된다. 참고로 똑같은 키워드 사용 시 입찰가와 품질 지수가 높은 키워드가 우선 노출된다.

키워드 광고 세트 구성 예시

캠페인	남성 화장품
그룹	스킨
제목	아모르 화장품 남자 스킨
설명문안	20~30대 네티즌들이 선택한 남자 스킨, 10% 할인 쿠폰, 스토어찜 1,000원 할인
URL	www.abcd.co.kr/page1
키워드	남자스킨, 남자스킨로션, 남친스킨, 남친스킨선물

캠페인 유형은 **파워링크 유형**으로 선택하면 된다.

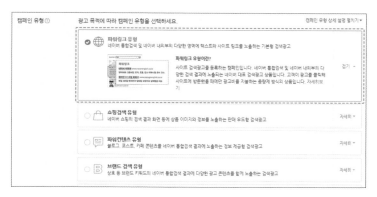

▲ 파워링크 유형 선택

그룹 설정까지 마쳤다면, 다음으로 키워드 선정과 광고 문안을 등록해야 한다. 키워드는 준비된 키워드를 입력해도 되지만, 추가로 등록하고 싶다면 연관 키워드를 찾아서 넣으면 된다.

▲ 키워드 선택

그다음 소재 만들기를 통해서, 미리 준비된 제목과 설명문안, 그리고 랜딩 URL을 입력하면 된다. 제목에는 필히 업체명(스토어명)을 포함해야 한다. 참고로 설명문안은 띄어쓰기 포함 45자까지 가능하다. 여기서 하나의 광고문안만 등록할 게 아니라, 2개 이상의 광고 소재를 만들어서, 2가지를 테스트해보면 효과를 비교해볼 수 있다.

▲ 키워드 광고 소재 만들기

검색 광고도 검수 기간이 빠르게는 3~4시간 이내 늦어지면 1일 정도 소요된다. 검색 광고를 진행을 할 때는 키워드뿐만 아니라 업체명(스토어명)도 등록하는 센스를 발휘하자.

☑ 확장소재 만들기

광고노출시 광고문안 옆에 이미지가 나오거나 추가적인 메뉴가 나오는 등 각각의 광고들마다 조금씩 다른 스타일로 노출되는 것을 볼 수 있다. 이런 부분들이 확장소재다. 확장 소재의 종류는 매우 다양하니, 하나씩 살펴보고, 나에게 맞는 소재를 선택해야 한다.파워링크 이미지 확장 소재는 사용하는 편이 확실히 눈에 잘 띈다. 해당 이미지는 인위적으로 제작된 이미지나 합성 이미지 사용은 불가하고 제품컷이나 실사진으로만 등록할 수 있다.

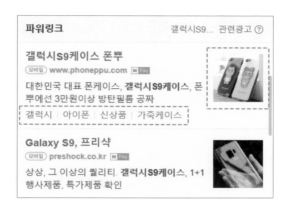

▲ 확장 소재 예시

캠페인 〉 그룹 〉 확장 소재 〉 새 확장 소재에서 설정할 수 있다.

▲ 모바일 확장 소재 종류

타사보다 눈에 더 잘 들어와야 더 많은 클릭이 발생하고 고객이 늘어난다. 모바일 특성상 카피보다는 확장 소재를 이용해야 고객 유입에 유리하다.

☑ 타겟설정

쇼핑광고 이기에 대다수의 분들이 별도의 타겟없이 진행하는 경우가 많다. 하지만 여성 생리대 쇼핑몰이라면 여성에게만 노출되고, 남성에게 굳이 많은 노출을 할 필요가 없다. 이럴 때 바로 타겟 설정을 통해서 불필요한 노출과 클릭을 줄이고 타겟에게 집중하는 광고를 진행을 하는 것이다.

타겟 설정 방법은 매우 간단하다. 그룹에서 확장소재 옆으로 '지역' '성별' '연령대'를 설정할 수 있다. 참고해야 할 점은 타겟 설정은 로그인 기준이니 알아두길 바란다.

▲ 네이버 검색광고 - 성별 타겟설정

5. 신제품 출시 시
진행할 수있는 신제품 광고

네이버 모바일에서 제품구매를 위해서 상품 검색을 해 보면, 검색
결과 최상단에 신제품소개가 확인이 된다. 물론 키워드마다 다르다.
네이버에서는 최근 출시 6개월(180일) 이내 상품에 한해서 신제품검
색광고를 이용해서 상품검색시 최상단에 노출을 시켜주고 있다. 신제
품검색광고는 직접 진행할 수는 없었고, 광고 대행사를 통해서 디스
플레이광고 시스템(NOSP)에서만 운영할 수 있었지만, 2023년 2월부
터는 검색광고시스템에서도 운영될 수 있도록 변경이 되었다.

▲ 신제품광고 노출형태

　신제품검색광고는 키워드광고처럼 실시간으로 입찰을 하는 것은 아니다. 검색량에 따라 최소 입찰가가 정해지고, 타 경쟁사와 입찰 경쟁 후 낙찰을 받아야지만 광고 집행이 가능하다. 당연히 입찰가가 높아야지 낙찰을 받는다.

입찰관련 알아두어야 할 사항
- 최저입찰가는 주간 단위로 변동 가능합니다.
- 경쟁이 없을 경우, 최저입찰가로 낙찰됩니다.
- 경쟁이 있을 경우, 2위 입찰가로 1~2위 일괄 낙찰됩니다.
- 계약관리 화면에서도 '계약하기'를 통해 계약(입찰)이 가능하며, 낙찰 후 비즈머니가 부족한 경우 낙찰 실패처리되며, 계약은 최종 실패처리되니, 낙찰전 충분한 비즈머니를 충전해 두어야 한다.

신제품 검색광고 집행전에 소재 등록 및 검수 통과된 상품에 한해서 입찰이 가능하다. 그리고 신제품 검색광고는 낙찰 받은 후 바로 시작되지 않는다. 낙찰 받은 후 2주후 월~일요일까지 1주일일간 노출이 된다. 그렇기 때문에 광고를 일정 잘 체크하여 입찰해야 한다.

제가 이전에 신제품 검색광고를 해본결과 노출이나 가독성은 매우 높았다. 모든 상품의 결과를 알지 못하지만, 진행 경험상 상품판매량은 기대만큼 그리 높지 않았다. 당연히 신제품이고 아직 인지도도 높지 않기에, 당연한 결과라고 생각된다. 하지만, 지속적으로 고객에게 상품노출이 되어야 상품에 대한 인지도 하고 차후 구매를 할 수 있는 확률이 높아질 것이라 생각된다. 그러니 판매에 너무 연연하지 말고, 신제품 홍보한다는 생각으로 진행하는 것을 추천한다.

그럼 진행방법에 대해서 알아보자.

캠페인 만들기

캠페인만들기를 하여, 캠페인유형에서는 브랜드검색/신제품검색을 선택 후 그룹으로 넘어가서, '신제품검색형'을 선택을 하고, 순서대로 세팅하는 것은 어렵지 않다. 신제품 검색 노출 키워드는 그룹세팅에서 '키워드그룹'을 선택하면 해당 키워드를 검색시 노출이 된다. 예를 들어서 '탄력크림'키워드를 선택시 '리프팅크림' '신상탄력크림''탄력크림신제품' 등 20개의 키워드에서 노출이 된다. 그리고 해당 키워드의 조회수에 따라서, 입찰 최소 금액이 선정이 된다.

▲그룹 - 키워드그룹 세팅

소재만들기는 이미지 또는 영상을 추가하여, 텍스트와 링크 등록을 통해 쉽게 만들기 쉽다. 여기서 중요한 것은 출시일인데, 출시일은 제품 상세페이지에도 넣어주어야 쉽게 검수통과가 된다.

▲신제품검색 – 소재만들기

　소재등록 후 검수통과가 되었다면 마지막으로 입찰을 진행해야 한다. 새 계약 추가하여 입찰 진행을 하면 되는데, 해당 키워드의 입찰가를 확인 한 후 계약진행을 하면 되며, 낙찰실패가 되지 않도록 미리미리 비즈머니를 채워두어야 한다. 소재를 만들기 전 진행할 키워드의 최소입찰가와 최근낙찰가를 미리 확인하고 싶다면, 소재 등록 전에 그룹만 만든 후 해당 키워드의 입찰가를 확인 할 수 있다. 입찰가는 매주 달라지며, 시즌때는 좀 더 가격이 올라간다는 점은 참고하여 진행하자.

▲새 계약 추가– 입찰가 확인

6. 알고 보면 아주 간단한 SNS 광고

SNS 광고
해야 할까?

▲ 페이스북 광고, 토리든

▲ 인스타그램 광고, 신비앙

페이스북이나 인스타그램에서 어렵지 않게 광고를 발견할 수 있었을 것이다. 페이스북과 인스타그램은 커뮤니케이션을 넘어서 다양한 정보를 제공하는 역할을 하고 있다. 쇼핑과 관련된 제품 후기 정보도 늘어나면서 기업체들도 각종 프로모션을 SNS로 홍보한다. 그에 발맞춰 페이스북과 인스타그램도 쇼핑 광고주를 유치하기 위해 다양한 기능들을 선보이고 있다.

최근에는 이미지 형태보다는 고객을 사로잡기 위한 동영상으로 제품 기능이나 장점을 보여주는 광고들도 많아지고 있는데, 페이스북과 인스타그램 광고의 경우 검색을 통해 노출되는 광고와 달리 관심이 있을 만한 고객에게 상품을 노출한다. 특히 20~30대 유저들의 경우 SNS 중에서 인스타그램의 이용자가 가장 높으며, 다른 어떤 광고보다 SNS광고를 신뢰하고 구매 경험이 많다. 그렇기 때문에 SNS광고는 놓치지 말고 진행하는 추천한다.

짧은 시간에 많은 고객에게 제품 홍보를 할 수 있다는 장점이 있고 소액으로 고객의 반응을 살펴볼 수 있어서, 많은 업체에서 진행하고 있다. 그렇다면 이제 페이스북과 인스타그램을 통해서 스마트스토어를 홍보하는 방법을 알아보자.

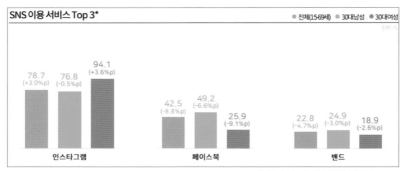

출처: 나스미디어 타겟 리포트

▲ 30대 SNS 이용서비스 TOP3

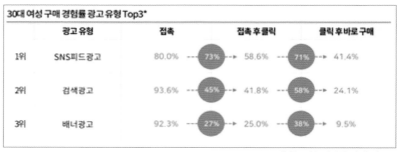

출처: 나스미디어 타겟 리포트

▲ 30대 여성 구매 경험률 광고 유형 TOP3

비즈니스 계정
설정부터!

페이스북과 인스타그램의 광고는 메타광고시스템을 통해서 사용할 수 있다.(페이스북은 사명을 메타(Meta)로 변경)우선은 페이스북 개인 계정이 있어야 한다. 만약 핸드폰 번호로 로그인한다면, 이메일로 다시 등록을 하거나 페이스북에 등록된 이메일을 한번 체크해야 나중에 번거롭지 않을 것이다.

광고를 하려면 비즈니스 계정부터 만들어야 한다. 최근 많은 분들이 메타비즈니스 계정 없이 개인 계정으로 또는 인스타그램앱을 통해서 바로 광고를 하는 분들이 많은데, 메타광고에서 제공하는 다양한 기능들이나 보다 정밀한 타겟팅을 사용하기 위해서는 비즈니스 계정을 이용하는 것이 유리하다.

http://business.facebook.com/에 접속해 관리자 계정을 만드는 것부터가 시작이다. 그다음 페이지 추가가 필요하다.

▲ 비즈니스 관리자 페이지 추가 선택

광고는 기본적으로 페이스북 **페이지**와 **광고 계정**이 필요하다. 기존 페이스북 페이지가 없다면 여기에서 **새 페이지 만들기**로 추가해도 무관하다. 기존에 페이지를 가지고 있다면, **페이지 추가**로 페이스북 페이지 주소를 입력하면 된다.

신규로 새 페이지 만들었을 때 주의해야 할 점은 기본적으로 신규 페이지에 프로필 이미지와 커버 이미지를 등록해야 하는 것이다. 프로필 이미지는 광고할 때 노출되며 간혹 좀 더 알아보고자 하는 고객 중 일부는 페이지 방문을 하기 마련이다. 그런데 페이지가 텅 비어있다면 이상하다고 생각할 것이다. 기본적인 관리는 처음부터 필요하다.

▲ 현대백화점 페이스북 페이지

이제 광고 계정을 추가 생성했을 때 주의해야 할 점이 있다. 바로 통화수단이다. 기본적으로 달러($)로 되어 있는데 원화로 바꾸면 관리하기가 편하다.

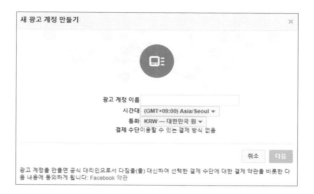

그리고 페이스북 광고는 **결제수단**을 추가해두지 않으면, 광고 생성을 했더라도 검수 진행이 되지 않는다. **비즈니스 설정 〉 광고 계정 〉 결제수단 보기**에서 결제수단을 추가하면 된다.

▲ 광고 결제수단 추가

☑️ 인스타그램 계정 연결

페이스북 **비즈니스 관리 〉 비즈니스 설정**에서 Instagram 계정 연결이 가능하다. 사용자 이름은 가능하면 영문으로 수정한 후 입력하는 것을 권장한다. 그리고 인스타그램 계정의 경우 기존 개인 계정 연결보다는 스마트스토어 홍보용으로 신규 가입을 하면 관리에 수월할 것이다. 참고로 인스타그램 계정 연결은 필수가 아니다. 인스타그램 계정 없이도 광고 진행은 가능하다.

▲ 비즈니스 계정 내 인스타그램 계정 추가

페이스북 광고
만들기

메뉴 위치: 비즈니스 관리 〉 광고 관리자 〉 광고 만들기

캠페인에서는 광고 목표를 정하면 된다. 아래와 같이 다양한 목표가 확인된다. 스마트스토어로 많은 방문자를 끌어오는 것이 주요 목표이기 때문에 **트래픽** 선택을 추천한다.

▲ 새캠페인 만들기 – 캠페인 목표

그다음 **광고 새로 만들기**에서 아래 사항을 작성하면 된다.

▲ 그룹세팅

기본적으로 대한민국을 주요 타깃으로 하지만 만약 특정 지역 광고가 필요하다면 설정할 수 있다. 이 중에서 **상세 타기팅**은 가장 핵심인 기능이다. 예를 들어 아동복을 판매한다는 가정 하에 다음과 같이 상세 타깃을 정할 수 있다.

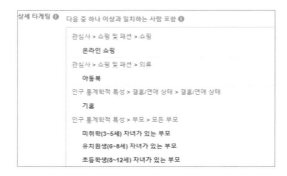

▲ 상세 타기팅 예시

찾아보기를 통해 선택하면 해당 고객을 중심으로 광고가 노출된다. 그리고 설정할 때는 오른쪽 **타깃 규모** 게이지를 확인하자. 녹색 중간 부근이 가장 적당하다.

광고는 직접 **광고 만들기**를 통해도 되고 **기존 게시물 사용**도 가능하다.

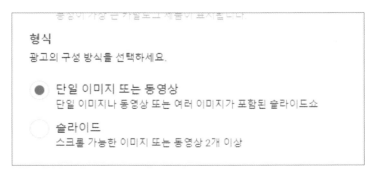

▲ 연결 페이지 선택

그다음 페이스북에서 여러 페이지를 운영하고 있다면 광고와 연결되는 페이스북 페이지를 대표 계정으로 선택해야 한다. 인스타그램 계정은 선택 사항이다. 선택하지 않으면 페이스북 페이지가 노출된다.

만약 광고 콘텐츠를 직접 만든다면, 여러 가지 형태가 있다. 기본적으로 가장 많이 사용되는 형식은 **슬라이드, 단일 이미지, 단일 동영상**이다.

▲ 광고 소재 유형 선택

단일 이미지의 경우 타 광고에 비해서 좀 더 노출이 잘된다. **슬라이드**의 경우에는 여러 장의 슬라이드를 통해서, 스토리 형식이나, 다양한 상품을 보여 줄 수 있다는 장점이 있다. **단일 동영상**은 영상이 흥미를 끌 수 있다면 효과가 좋으나, 그렇지 않다면 노출만 되고 클릭이 잘 안 되는 단점이 있다. 하나의 세트 안에 여러 광고 소재를 함께 만들어서 비교를 해보는 것도 좋은 방법이다. 다음 예시는 슬라이드 형태다.

▲ 소재 입력 예시

문구에는 전체 카피를 입력하면 되는데 해시태그 삽입도 가능하다. 슬라이드는 총 10장까지 추가할 수 있지만 경험상 4~5장 정도가 적당하다. 이때 슬라이드 형태가 스토리텔링 효과로 순서가 있다면, **가**

장 성과가 좋은 슬라이드를 자동으로 먼저 표시 체크를 해제해야 한다. 그렇지 않으면 클릭이 많은 슬라이드부터 자동 노출된다.

SNS 채널
운영관리

스마트스토어나 쇼핑몰 운영하는 곳이라면 요즘은 다들 SNS 채널을 2개 이상 운영 중이다. 왜 해야 할까? 경쟁사들이 다하고 있어서 추천하는 것은 아니다. 채널 운영을 통해서, 신규 고객 유입과 기존 고객 재방문을 위해서 필요하다. 재미있고 유익한 콘텐츠, 고객 스스로가 만족한 제품이라면, 고객들은 자발적으로 여기저기 상품 홍보를 한다. 스마트스토어를 장기적으로 잘 운영하기 위해서는 꾸준한 고객 관리는 필수다.

게다가 SNS 광고 상품으로는 신규 고객 유입을 끌어올릴 수 있다. 이렇게 끌어올린 고객을 충성고객으로 굳히고자 한다면, 채널 운영으로 꾸준히 고객에게 메시지를 던지고 고객이 자주 관심 보일 수 있도록 해주어야 한다. 채널에서 콘텐츠 하나만 인기를 얻어도 많은 사용자가 공유하여 스마트스토어 유입 고객들이 많이 늘어날 것이다.

채널을 운영하면서 실수로 이어지는 경우를 봐왔다. 우선은 다수의 채널을 한꺼번에 운영하려다가 실패하는 경우다. 다수의 채널보다는 선택과 집중으로 운영하는 게 더 효과적이다. 채널별로 고객층도 다르고 포스팅 방식도 차이가 있다. 복사하듯 여러 채널에 올려도 고객의 반응은 싸늘할 수 있다. 게다가 소규모로는 일일이 고객을 응대하기도 힘들다. 단발성으로 올리기보다는 장기적 계획을 정하고 운영해야 하는 이유다.

분명 초반에는 업로드할 콘텐츠가 많겠지만, 시간이 갈수록 소재는 고갈되기 마련이다. 나중에는 무엇을 작성해야 할지도 고민이 깊어진다. 그렇기 때문에 1개월 단위로 포스팅 소재를 계획할 필요가 있다. 소재가 별로 없다고 고민하지 말자. 오늘의 신문 기사, 날씨만 들여다보아도 글감은 분명히 생긴다.

콘텐츠 일정 예시

3월	월	화	수	목	금
매체	페이스북 인스타그램	블로그	페이스북 인스타그램	블로그	페이스북 인스타그램
1주 차	주말인사	신상품소개	신상품소개	화이트데이	화이트데이
2주 차	주간 날씨 소식	신상품 활용기	신상품 활용기	봄 여행지 추천	봄 여행지 추천
3주 차	이벤트 소식	이벤트 소식	유머콘텐츠	브랜드스토리	주말 날씨

	전체	성별		연령				
		남성	여성	10대	20대	30대	40대	50대
Base	(4959)	(2548)	(2411)	(358)	(1015)	(1025)	(1248)	(1313)
네이버	86.8 85.6	83.0	88.2	76.3	84.8	88.3	88.1	84.2
유튜브	11.1 47.2	48.8	45.5	60.9	59.3	46.9	40.7	40.4
인스타그램	3.2 22.6	16.4	29.1	32.4	31.2	32.0	19.2	9.1
구글	8.1 21.9	31.6	11.7	26.0	26.0	22.9	20.1	18.7
다음	4.8 17.0	17.4	16.6			10.6	20.5	32.7
카카오톡	1.1 10.5	8.6	12.5	3.6	6.6	7.4	11.1	17.2
페이스북	0.3 3.1	3.7	2.4	3.9	3.0	2.0	2.9	4.0
네이버 밴드	0.6 2.6	3.2	1.9	0.8	1.1	2.3	3.5	3.6
트위터	0.3 2.2	0.8	3.6	6.1	4.6	1.7	0.7	0.9
네이트	0.4 2.0	2.4	1.7	1.7	0.5	2.3	3.0	2.2
카카오스토리	0.1 1.2	0.7	1.7	0.0	0.0	0.3	1.8	2.5
스타일쉐어	0.4 1.1	0.3	1.9	9.5	1.2	0.3	0.2	0.2
틱톡	0.1 0.6	0.1	0.5	3.4	0.1	0.5	0.3	0.5
블라인드	0.1 0.6	0.7	0.5	0.3	0.7	1.3	0.6	0.1
줌 (검색 포털 ZUM)	0.1 0.4	0.4	0.4	0.6	0.0	0.4	0.6	0.5
에브리타임	0.0 0.4	0.4	0.5	0.8	1.8	0.0	0.0	0.1
링크드인	0.1 0.2	0.4	0.1	0.0	0.3	0.5	0.2	0.2
빙	0.0 0.2	0.2	0.1	0.6	0.2	0.0	0.2	0.1
핀터레스트	0.0 0.2	0.1	0.2	0.3	0.1	0.2	0.1	0.2
젠리	0.0 0.1	0.1	0.1	0.3	0.0	0.0	0.1	0.1
밍글	0.0 0.1	0.0	0.1	0.0	0.1	0.0	0.0	0.1
텀블러	0.0 0.0	0.0	0.0	0.0	0.0	0.0	0.0	0.0
평소 전혀 접하거나 검색하지 않음	2.2	2.8	1.5	2.0	1.9	1.4	2.2	3.0

▲ 2022년 상품 및 브랜드 후기 관련 정보 탐색 시 이용 플랫폼 (출처: 오픈서베이)

위의 표를 참고해 어떤 곳에 광고나 홍보를 집중할지 결정하자. 상품 및 브랜드 후기 관련 정보 탐색시 네이버가 압도적으로 높으며, 다음으로 유튜브가 차지 한다. 성별로 보면 남성들은 인스타그램보다는 구글에서 여성들은 인스타그램을 이용하는 비중이 상대적으로 높다. 연령별로도 차이를 보이는데 10대~20대의 경우 타 연령대에 비해서 유튜브와 인스타그램을 이용하는 비중이 높다. 그에 비해서 40~50대를 보면 네이버와 유튜브를 제외하고 다음을 이용하는 비중이 상대적으로 높게 확인된다.

블로그, 유튜브는 콘텐츠를 담는 그릇이라 할 수 있고 인스타그램이나 페이스북, 밴드, 트위터는 바이럴 확산 매체다. 각각의 특성을 알고 진행해야 한다. 그리고 방문자가 높지 않더라도 일정한 기간을 두고 끊이지 않게 꾸준히 업로드하는 것도 잊지 말아야 한다.

7. 네이버 메인에 소개해볼까?

네이버 PC 메인 로그인 하단에는 쇼핑 영역이 있다. 아무래도 네이버 메인에 노출되니, 클릭 수가 매우 많다. 노출과 클릭이 많은 만큼 가격이 높은 영역이다. 그래서 작은 쇼핑몰에서 진행하기에는 꽤 부담스럽다. 게다가 인지도가 높지 않은 브랜드라면 판매에 큰 기대는 하지 않는 게 좋다. 하지만 단기간에 많은 방문자와 인지도를 높이는 데 집중한다면 네이버쇼핑 **PC 쇼핑박스 광고** 진행을 추천한다.

▲ 네이버 PC 쇼핑

네이버쇼핑 광고는 **PC 쇼핑박스**와 **모바일 광고**로 나뉘며, 세부 노출 영역에 따라서 가격이 다르다.

네이버 PC 광고 종류와 제시 가격

노출영역	광고명	서비스 기간	판매구좌수	광고비(VAT포함)	판매방식
상품탭	트렌드상품 상단	1주	54개 (쇼핑몰당 동일 기간 6개)	비딩 (시작가 400만 원)	최저가 낙찰
	트렌드상품 중단		54개 (쇼핑몰당 동일 기간 6개)	비딩 (시작가 300만 원)	최저가 낙찰
	트렌드상품 하단		54개 (쇼핑몰당 동일 기간 6개)	비딩 (시작가 300만 원)	최저가 낙찰
쇼핑목탭	트렌드몰 A형	1주	13개 (쇼핑몰당 동일 기간 1개)	비딩 (시작가 500만 원)	최저가 낙찰
	트렌드몰 B형		39개 (쇼핑몰당 동일 기간 2개)	고정가 150만 원	고정가 (이전 회차 구매자 우선)
MEN탭	MEN 상단	1주	9개 (쇼핑몰당 동일 기간 2개)	비딩 (시작가 300만 원)	최저가 낙찰
	MEN 중단		9개 (쇼핑몰당 동일 기간 2개)	비딩 (시작가 250만 원)	최저가 낙찰
	MEN 하단		9개 (쇼핑몰당 동일 기간 2개)	비딩 (시작가 250만 원)	최저가 낙찰
	PLAY-FUN		12개 (쇼핑몰당 동일 기간 2개)	고정가 200만 원	고정가 (이전 회차 구매자 우선)

4장. 어디에서, 어떻게 보여주고 얼마나 팔 것인가?

쇼핑박스 트렌드 상품을 보면, 상단 시작 가격은 1주일에 400만 원인데, 보통 상단은 최저 800만 원~최고 2,000만 원으로 입찰해야 낙찰받을 수 있다.

고정 광고의 경우 전 회차 구매자 우선이라서 자리가 생기지 않을 수 있으니, 일정을 잘 챙겨 참여해야 한다. 광고 신청은 **쇼핑파트너 존 〉 광고 등록/관리 메뉴**에서 확인할 수 있다. 그리고 광고 상품 구매 역시 미리 광고비를 충전해 두어야 한다.

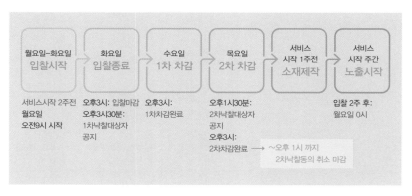

▲ 쇼핑박스 트렌드 상품 진행 프로세스

8. 온라인 홍보는 인플루언서가 대세

웬만한 연예인보다 더 큰 효과!

채널 운영과 더불어서 SNS 채널 이용고객이 늘어나면서 인플루언서 마케팅이 화두다. 최근 TV를 통해서 중국의 왕홍이나 대도서관, 캐리 같은 1인 크리에이터들을 많이 보았을 것이다. 아프리카TV를 시작으로 유튜브까지, 온라인으로 방송을 즐겨보는 이들은 초등학생부터 성인까지 다양하다. 게다가 점점 늘어나는 추세를 봤을 때 대세라고 할만하다. 이렇게 TV나 영화, 무대 영역 외에 다른 사람들에게 영향을 끼치는 인플루언서는 고객의 구매에도 한몫한다.

어떤 상품이 좋을까 고민하고 구매를 결정하기까지 가장 편하게 선택하는 방법은 사용해본 사람의 추천이다. 최근에는 주변 지인보다는 온라인 카테고리 전문가의 추천 제품이나 그들의 후기를 믿고 해당 상품을 구매하는 경우가 많다.

과거에는 블로그나 카페에서 바이럴 마케팅을 이끌었지만 최근에는 SNS, 유튜브 등의 인플루언서 바이럴 마케팅까지 더해져 온라인 마케팅의 필수로 자리 잡아가고 있다. 하지만 스마트스토어로 인플루언서 섭외를 직접 하기에는 금전, 시간적인 여유도 부족하고 맞는 사람을 섭외하는 것도 쉽지 않다. 유명 인플루언서들은 기획사에 소속되어서 가격이 상상도 못 할 만큼 높다. 유튜브의 유명 인플루언서는 한 편 촬영에 적게는 수백, 많게는 수천만 원을 받기도 한다.

그렇지만 온라인 제품 홍보에서 인플루언서 마케팅을 뺄 수는 없다. 저비용으로 고효율을 낼 수 있는 곳을 몇 군데 소개한다.

업체명	홈페이지	특징
REAU(레뷰)	biz.revu.net/	블로그, 인스타, 유튜브, 인플루언서 체험단 등 다양하게 진행이 가능
0.8리터	biz.08liter.com	인스타그램 중심으로 셀러 및 인플루언서 협업 진행이 강점
미디언스	mediance.co.kr	인플루언서협업마케팅.콘텐츠제작
리뷰쉐어	https://reviewshare.io/	기업과 리뷰어를 연결해주는 플랫폼
유커넥	www.uconnec.com	유튜브 인플루언서 섭외, 마케팅 플랫폼

업체들마다 보유한 인플루언서들은 매우 다양하다. 각 인플루언서 대행업체들의 홈페이지에서 유사 제품의 업체들을 많이 모집하는지,

모집 비용은 어떻게 되는지, 처음 이용 시 할인이나 무료이벤트 등은 없는지 꼼꼼히 살펴보아야 한다.

✓ 성공적인 인플루언서 모집을 위한 조건

- 타깃을 정확하게 정해 선별된 인플루언서들이 신청하도록 해야 한다. 홍보를 해주었으면 하는 핵심 포인트나, 핵심 키워드, 제품 사진 등은 미리 전달하고 해시태그 설정까지 알려주면 좋다.
- 블로그나 페이스북의 경우 홈페이지 주소를 넣어줄 수 있는지 확인하고, 가능하면 노출할 수 있도록 해야 한다. 포스팅이 완료된 후에는 인플루언서들의 포스팅 일부를 발췌해서 홈페이지 등에 사용할 수 있는지 문의해보는 것이 좋다.
- 상품 리뷰만 생각하지 말고, 이벤트도 함께 구상하자. 이벤트를 통해서 조금이라도 더 저렴하게 구매하고 싶은 구매자들의 심리를 건드려보자.

✓ 알아두면 좋은 정보

텐핑(tenping.kr)이나 애드픽(adpick.co.kr)도 알아두면 좋다. 텐핑이나 애드픽은 SNS나 블로그 등을 가지고 있는 개인 유저들이 홍보를 하고 일정 수익을 받아가는 곳이다. 이외에도 유사 플랫폼을 가진 업체들이 있다. 쇼핑몰 광고주들의 경우 텐핑이나 애드픽에 자사 몰을 올려두면 홍보를 하고 싶은 유저들이 들어와서 해당 쇼핑몰 또는 제품 홍보를 한다. 그이후에 판매 수익금을 받아가는 구조다. 단, 스마트스토어는 별도 스크립트 삽입이 되지 않아 진행이 어렵다. 그러니, 독립 쇼핑몰을 갖춘 판매자만 진행할 수 있다.

판매에 대한 수익금을 가져가는 구조다 보니, 일단 초기 홍보비가 들어가지 않는다는 장점이 있다. 기억해야 할 점은 빅 브랜드나 핫한 제품이 아니라면 수익금을 높게 책정해서 홍보가 우선 될 수 있도록 집중하면 좋겠다.

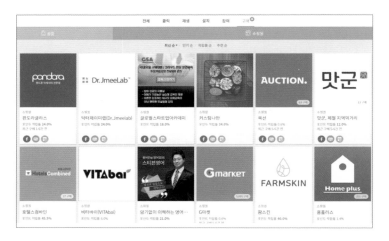

▲ 텐핑에 등록한 업체들

이밖에도 진행할 수 있는 온라인 광고는 참 많다. 뒷부분에서 몇가 지 더 소개하겠지만, 카카오 모먼트 광고, 네이버 GFA, 구글 디스플레이 광고와 유튜브 광고도 진행해볼 만한 광고다. 광고를 직접 진행하기 어렵다면 처음에는 대행사의 도움을 받는 방법도 있다. 그렇지만 광고 대행사를 통해 진행한다고 해도 모든 것을 맡기기보다는 어느 정도 진두지휘하면서 진행할 수 있는 안목은 있어야 할 것이다. 그래야 나중이라도 직접 광고를 운영해볼 수 있으니 말이다.

▲ 네이버 광고 대행사

온라인 마케팅은 꼭 매출만을 위한 활동이 아니다. 판매와 더불어 브랜드 인지도를 높이기 위해서다. 스토어명도 브랜드다. 많은 스마트스토어는 기존 인지도 있는 제품을 유통하는 경우가 많다. 특가나 할인 쿠폰 발행으로 잠깐 매출이 상승할지라도 고객의 머릿속에는 전혀 남지 않는다. 그렇기 때문에 브랜드를 인지할 수 있는 마케팅을 전개하는 것이 중요하다.

9. 유튜브 광고
누구나 쉽게 할 수 있다

유튜브가 대세다. 개인 방송 성장과 더불어 인플루언서들이 하나둘씩 자리를 잡으면서, 연예인보다 더 큰 인기를 누리고 있다. 예전에는 네이버 포털이 모르는 정보를 알려주는 창구로 활약했지만, 젊은 층은 지식인보다 유튜브를 통해서 새로운 정보를 습득하는 데 익숙해지는 추세다. 이런 인기에 힘입어서 유튜브도 점점 더 많은 광고를 유치하고자, 플랫폼을 점점 더 단순화해 쉽게 접할 수 있게 하고 다양한 광고 자리까지 만들고 있다.

스마트스토어 판매자라면 다양한 영역에 관심을 두고 시도해야 한다. 유튜브도 마찬가지만. 하지만 유튜브 광고의 본질이 영상 광고라는 걸 알아야 한다. 고객을 바로 스마트스토어로 유입시키는 방법보다 브랜딩에 더 초점을 맞추어서 준비해야 한다. 우선 제품홍보와 관련된 영상이 준비되었다면 당연히 유튜브에 올려야 한다. 여기서 중요한 건, 유튜브뿐만 아니라 네이버TV에도 올려야 한다는 점이다.

유튜브 광고에서 **5초 SKIP 광고**를 많이 보았을 것이다. 유튜브에서 가장 많이 사용하는 **트루뷰 인스트림**으로, 유저들이 영상을 보기 전 노출되는 광고다. 영상은 30초간 광고를 본 경우에만 광고비를 지불하며, 30초 전에 SKIP을 누르면 과금되지 않는다. 그러니 영상은 30초 ~1분 내외가 적당하다. 기존 만들어둔 영상이 1분 이상이라면 편집을 새롭게 해주는 것이 좋다.

만약 영상이 30초보다 짧다면 영상을 다 본 경우에는 CPV 방식으로 본 횟수로 과금된다. 평균적으로 90~100원 정도로 초기에 설정하면 문제가 없다. 최근에 유저들의 VIEW 수가 증가하면서 점점 더 낮아지는 추세다.

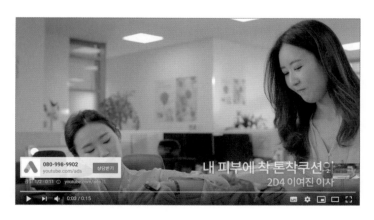

▲ 유튜브 트루뷰 인스트림 광고

유튜브
캠페인 만들기

유튜브 광고를 위해서는 구글이 필수라는 건 다 알 것이다. 구글도 네이버와 같이 별도 광고 시스템이 있다. **구글 에드워즈**다. 구글 에드워즈에서는 구글 검색 광고, 구글 디스플레이 광고, 유튜브 광고, 앱 광고, 쇼핑 광고가 가능하다. 단, 네이버 스마트스토어는 별도 스크립트 설치가 되지 않아 쇼핑 광고 진행을 할 수 없다.

이러한 구글 에드워즈는 지메일 계정이 있다면 가입은 간단하다.

▲ 구글 에드워즈 시작 화면

구글 에드워즈에 로그인하면, 바로 **캠페인 만들기**부터 나온다. 굳이 다 입력을 할 필요는 없다. 대강의 정보만 입력하고 넘기면 되는 부분이다. 초기 진행 시 도움이 필요하다면 무료 상담 전화로 도움받을 수 있다. 모든 계정 설정을 완료했다면 광고비 충전을 하면 된다.

구글 에드워즈 **모든 캠페인**을 선택하고 화면 중앙 **새 캠페인 만들기**로 들어가면 된다. 처음에 구글 광고는 스마트모드로 시작을 한다. 스마트 캠페인을 사용하면 비즈니스의 규모와 관계없이 자동화 기술, 관리 시간 절감과 같은 이점이 있다. 하지만 고급기능이나 다양한 캠페인 유형을 사용은 어렵기 때문에 스마트모드에서 전문가 모드로 전환하여 사용하는 것을 추천한다. 스마트모드에서 전문가 모드로 전환하는 방법은 오른쪽 상단에 도구 및 설정 (스패너 아이콘)을 들어가서 전문가 모드로 전환을 선택하면 된다.

새캠페인을 만들기를 클릭한 다음 목표를 선택하고, 그다음으로 캠페인 유형을 선택해야 한다. 스마트스토어의 경우 구글애드워즈의 전환 스크립트를 삽입이 불가능하여, 성과 측정이 어렵다. 그렇기 때문에 영상광고를 통해 제품을 보고, 즉각적인 클릭을 유도하거나 당장 클릭은 하지 않았지만 영상을 장시간 시청한 고객에게 재방문 유도하는 광고를 만들어서 재방문을 유도해야 한다.

▲ 캠페인 목표 선택

▲ 캠페인 광고 유형 선택

유튜브 광고에서 가장 많이 노출되는 광고가 '건너뛸 수 있는 인스
티림 광고'다. 이 광고가 5초 후 건너뛰기(SKIP)가 가능한 광고다. 만
약 15초간 강제 상영을 원한다면, **건너뛸 수 없는 인스트림 광고**를 선택
하면 된다. 두 유형의 차이는 과금 방식의 차이다. **건너뛸 수 없는 인스
트림 광고**는 CPM 광고 상품이다. 앞서 선택한 광고 목표에 따라 선택
할 수 있는 광고 유형이 달라질 수 있으니 알아 두길 바란다.

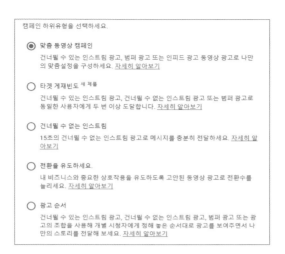

▲ 유튜브 광고 유형

캠페인 이름은 알기 쉽게 작성하면 된다. 예산을 입력하는 부분은 하루 예산이다. 초기에는 소액으로 진행해 반응을 살펴보는 것이 좋다.

캠페인 이름	캠페인 이름	
	0/120	
예산	유형	한 달을 기준으로 보면 일일예산에 월 평균 일수를 곱한 금액보다 초과 지불되는 경우는 없습니다.
	일일예산 ▾	일일예산보다 적은 금액을 지출하는 날도 있고, 일일예산의 최대 2배까지 지출하는 날도 있습니다. 자세히 알아보기
	일일 평균 희망 지출액	
	₩	
	▾ 게재 방법	
시작일 및 종료일	시작일: 최대한 빨리 시작 종료일: 설정되지 않음	
입찰 전략	최대 CPV	
네트워크	YouTube 검색결과, YouTube 동영상, 디스플레이 네트워크의 동영상 파트너	
언어	고객이 사용하는 언어를 선택하세요. ⓘ	
	🔍 한국어	
	한국어 ⊗	

▲ 캠페인 설정

입찰 전략은 CPV로 되어 있어 변경할 필요 없이 그대로 두고, 언어 입력만 한국어로 지정해주면 된다. 만약 한국어로 지정하지 않으면, 한국에 살면서 다른 언어로 유튜브를 보는 이들에게도 광고가 나가게 된다.

유튜브 광고
그룹 만들기

그룹은 광고 타기팅 설정과 광고 진행할 유튜브 소재를 입력하는 부분이다. 가장 중요한 것은 타기팅 그룹 설정이다. 설정하지 않으면, 원하지 않는 타깃에게도 광고가 노출되어 불필요한 광고비를 내게 된다.

▲ 그룹 만들기

❶ 인구통계

원하는 성별, 연령, 자녀 유무 부분을 선택한다. 가계소득은 굳이 설정할 필요 없다.

❷ 잠재고객

인구통계로 설정한 타깃 유저의 온라인 관심사를 알 수 있는 부분이다. 제품 카테고리를 검색하면 잠재고객을 추천해준다. 그중에서 선택하면 된다.

❸ 콘텐츠

다양한 유튜브 영상 중에서 나의 광고 영상이 노출될 곳을 연결하는 항목이다. 모든 동영상에 노출하고자 한다면 설정할 필요는 없다. 하지만 유튜브에는 영상이 너무 많아 콘텐츠 설정을 추천한다.

콘텐츠에는 **키워드, 주제, 게재 위치**가 있다. 키워드에는 나의 상품과 관련된 키워드를 검색 후 선택하고, 주제는 연결되기를 원하는 주제를 선택하면 된다. 게재 위치는 특정 유튜브 동영상을 선택하는 부분인데 해당 부분은 설정할 필요가 없다.

❹ 입찰

영상 뷰당 과금을 얼마로 할 것인지 정하는 부분이다. 보통 초기에 90~100원 정도로 입력하고 2~3일 후 노출이 잘 되지 않는다면 입찰가를 조금 높여 주면 된다.

유튜브 광고
소재 만들기

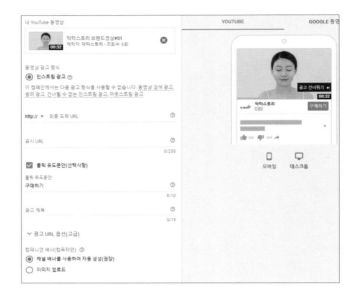

✓ 내 YouTube 동영상

광고를 하고자 하는 유튜브 동영상의 URL 주소를 입력하면 된다.

✓ 최종 도착 URL

도착 URL은 당연히 스마트스토어의 주소 또는 해당 상품페이지의 주소다. 광고를 시청하던 유저가 해당 상품에 관심이 생겨 더 알아보기 위해 영상을 클릭하면 이동하게 된다.

⬿ 클릭 유도 문안

유튜브를 모바일로 보다 보면, 광고가 하단에서 **지금 다운로드하기**, **구매하러 가기**와 같은 안내를 보았을 것이다. 광고 제목과 함께 고객의 행동을 유도하는 문구를 넣을 수 있다.

광고 이름을 입력 후 저장하면 완료다. 왼쪽의 **도구 > 청구 및 결제**를 통해 광고비를 결제하면, 심사 후 광고가 노출된다. 국내 유튜브 이용자는 매우 많기 때문에 광고 그룹에서 타기팅 설정을 좁히는 방법이 효과를 높일 수 있다. 처음이라면 분명 많이 헷갈릴 수 있지만, 책의 내용을 바탕으로 따라 해보고 어려운 부분은 구글에 문의하면 충분히 해결할 수 있을 것이다.

⬿ 유튜브 영상 시청자 타겟 만들기

유튜브 채널을 만든 후 영상광고를 통해서 유튜브 조회수가 늘어났을 것이다. 유튜브 광고를 통해 클릭을 하고, 상품구매를 하는 분들도 있겠지만, 관심이 있어서 영상 시청은 했지만, 아직 구매를 하지 않은 고객 또는 재구매 시점이 된 고객들 여러 부류가 있다. 이런 고객들을 타겟팅 하는 방법을 안내해 드리고자 한다.

가장 먼저 오른쪽 상단의 도구 및 설정(스패너 아이콘) > 잠재고객 관리 > 데이터 소스를 통해서 유튜브채널과 연결을 진행한다.

▲유튜브 채널 연결

유튜브채널과 연결 된 후 유튜브채널에 업로드한 영상의 조회수가
어느 정도 쌓인 후 의 도구 및 설정(스패너 아이콘) 〉 잠재고객 관리
〉 분류기준 〉리마케팅 추가 목록생성(+ 아이콘)〉유튜브 사용자를 클
릭하면 유튜브 영상에 대해서 리타겟팅을 할 수 있다.

▲유튜브 영상 리타겟팅 목록 생성

스마트스토어는 앞서 설명한 것처럼 구글애드워즈의 스크립트가 삽입되지 않아서, 재 방문 유입을 시킬 수 없기 때문에 유튜브 영상 조회 시청자 리타겟팅을 통해서 어느 정도 커버가 가능하니, 많이 활용을 하였으면 한다.

10. 네이버 성과형 디스플레이 광고 (GFA)

네이버 모바일앱을 열어보면 쇼핑광고들이 많이 노출이 된다. 좀 자극적인 멘트를 통해서 고객의 클릭을 유도하는 광고들이 많이 보일텐데, 네이버의 성과형 디스플레이 광고(GFA)들이다. 구글이나 메타(구.페이스북) 그리고 카카오에서도 cpc배너를 일찍 도입한 반면 네이버에서는 2019년에 CPC배너광고를 도입했다. 클릭당 광고이다 보니, 메인 배너광고 대비 저렴한 비용으로 타겟팅하여 광고를 할 수 있다는 이점이 있어서, 많은 스마트스토어 및 쇼핑몰들이 GFA광고를 진행하고 있다.

▲ 네이버 GFA 배너 광고들 (스마트채널(좌), 네이버 메인(중앙), 네이버 서브(우))

네이버 성과형 디스플레이 광고 (https://gfa.naver.com/)는 GFA(Glad For Adveriser)라는 통상적으로 부른다. 노출형태는 총 4가지로 나눠진다. 스마트채널, 네이버 메인, 네이버 서브, 밴드에 노출이 된다. 스마트채널의 경우 모바일 상단에 노출되기에 다른 광고에 비해서 경쟁도 치열하고 광고비가 조금 더 비싼 편이다. 하지만 이미지보다는 카피로 이루어지고, 광고카피도 글자수 제한이 있다는 단점이 있다. 네이버 메인광고와 네이버 서브광고의 경우는 스마트채널 대비해서 큰 이미지를 넣을 수 있기 때문에 좀 더 눈에 띄는 배너를 만들수 있다는 장점이 있다. 만약 이미지를 만드는데 어려움이 있거나, 네이버의 다른 콘텐츠와 잘 어울리는 광고를 만들고 싶다면 네이티브 소재를 사용하는 것을 추천한다. 네이티브 소재는 이미지 한장과 텍스트로 손쉽게 만들 수 있다.

▲ 네이버 GFA 배너 광고들 (네이버밴드(좌), 네이버 메인–네이티브 소재(우))

✅ GFA광고–캠페인 광고의 목적 정하기

GFA광고는 검색광고와 마찬가지로 캠페인 – 광고그룹 – 광고소재 3단계로 나눠진다.

▲ 네이버 GFA 캠페인 – 광고 목적

이중에서 스마트스토어 운영자들이 진행해볼 광고는 스마트스토어로 방문을 주 목적하는 광고인 [웹사이트 전환], [웹사이트트래픽]

광고와 [쇼핑프로모션]광고가 있다. 그리고 [카탈로그 판매]가 있는데, [카탈로그판매]는 '브랜드스토어'를 운영하는 광고주들을 대상으로 하는 광고다. [카탈로그 판매] 광고는 브랜드스토어 카탈로그를 생성해야 진행이 가능한 광고다. 현재 브랜드스토어 신청하여 승인 후 운영예정이거나 운영중이라면 꼭 해당 광고를 잘 기억하고 있다가 진행하는 것을 추천한다.

그럼 스마트스토어를 운영하면서, 진행 할 수 있는 캠페인 목적별 차이에 대해서 간략히 정리해 보았으니, 진행 전에 꼭 참고를 하여, 목적에 맞는 광고를 진행하자.

캠페인목적	광고목적	전환추적	이용 사이트	광고소재
웹사이트 전환	사이트 방문 후 전환행동을 유도	장바구니, 구매 추적	추적이 가능한 사이트	모든 광고소재
웹사이트 트래픽	사이트 방문을 유도		모든 사이트가능	모든 광고소재
쇼핑 프로모션	쿠폰, 고객혜택 소식을 홍보	장바구니, 구매 추적	스마트스토어만 가능	네이티브 이미지

참고로 전환추적을 사용하기 위해서는 도구〉전환추적관리를 통해서 스마트스토어 전환 추적을 신청해 두어야 사용이 가능하다. 전환추적을 통해 광고가 얼마나 성과가 있었는지 체크하여 분석을 해야 추후 더 나은 광고를 만들 수 있다.

☑ GFA광고-그룹 – 맞춤 타깃정하기와 게재위치

캠페인 설정이 끝났다면 다음으로 그룹설정이다. 광고노출위치와 누구에게 광고를 보여 줄 것인가를 그룹에서 세팅한다. 즉, 광고그룹에서 가장 중요한 점은 타깃을 정하는 것과 게재위치를 정하는 것이다.

❶ 타깃설정 (오디언스 설정)

광고 그룹에서 타깃설정의 경우 기본적으로 GFA광고 외에도 모든 배너광고에서 자주 사용된다. 먼저 나이, 성별, 지역을 구분하는 데모타깃이 있다. 해당 부분은 누구나 어렵지 않게 설정이 가능하다. 좀 고민을 해 봐야 하는 부분이 바로 상세타깃 부분이다. 타깃 세그먼트 (타깃 분류)하는 방법은 각 배너 매체사마다 기준들이 조금씩 다르다. 각 매체의 특징에 맞게 세그먼트되어 있으니 타깃을 설정할 때, 해당 부분을 꼼꼼히 살펴보고 타깃을 하여야 한다.

참고로 네이버의 경우 관심사와 구매의도로 나눠진다. 평소에 유저가 많이 보는 콘텐츠나 네이버쇼핑에서 어떤 제품을 관심있게 보고 구매하는지를 고객을 분류하여, 그에 맞게 타깃팅을 해준다.

상세 타겟 설정하기 ✕

| 카테고리 목록 | 검색 | | 선택항목 총 7개 | 전체 삭제 |

☐ 여행 ▾
☐ 영화 ▾
☐ 육아 ▾
☐ 음식/맛집 ▾
☐ 음악 ▾
☒ 자동차 ▴
   ☑ 국산 자동차
   ☑ 수입 자동차
   ☐ 렌터카
   ☐ 스쿠터
   ☐ 오토바이
   ☒ 자동차 관리 ▴
      ☐ 자동차 부품
      ☑ 자동차 용품
   ☐ 중고차
☐ 종교
☐ 직업/취업 ▾
☐ 취미/여가 ▾

관심사
자동차 > 국산 자동차   ✕
자동차 > 수입 자동차   ✕
자동차 > 자동차 관리 > 자동차 용품   ✕

구매의도
자동차 > 자동차 용품 > 자동차 부품/액세서리 > 바닥 매트   ✕
자동차 > 자동차 용품 > 자동차 부품/액세서리 > 세차 용품   ✕
자동차 > 자동차 용품 > 자동차 부품/액세서리 > 엔진 오일   ✕
자동차 > 자동차 용품 > 자동차 부품/액세서리 > 타이어   ✕

타겟 설정 방식 ⓘ
◉ 포함   ○ 일치

▲ 네이버 GFA 그룹 – 상세타깃설정

❷ 디바이스 및 게재위치

디바이스의 경우 pc와 모바일 어디에 노출할 것인지 정하는 끝이 난다. 중요한 것은 게재 위치다. 모든 노출 가능한 모든 게재위치를 선택을 할 수도 있지만, 특정 위치에만 광고 노출을 원한다면, 직접선택을 통해서 게재위치를 지정할 수 있다.

소재 타입별로 노출 가능 게재 위치가 조금씩 다르니, 아래의 표를 참고하도록 하자.

소재 타입	소재 제작 가이드	노출 가능 게재 위치
이미지 배너형	스마트채널 DA	네이버 〉 스마트채널
		네이버 패밀리 매체 〉 스마트채널
		네이버 퍼포먼스 네트워크 〉 스마트채널
	모바일 DA	네이버 〉 배너 영역 〉 네이버 메인
		네이버 〉 배너 영역 〉 서비스 통합
		네이버 패밀리 매체 〉 배너 영역
		네이버 퍼포먼스 네트워크 〉 배너 영역
네이티브 이미지 〉 배 너형	모바일 DA 네이티브	네이버 〉 배너 영역 〉 네이버 메인
		네이버 〉 배너 영역 〉 서비스 통합
	PC DA 네이티브	네이버 〉 배너 영역 〉 네이버 메인
		네이버 〉 배너 영역 〉 서비스 통합
	쇼핑 소식 광고	네이버 〉 쇼핑 영역
네이티브 이 미지 〉 피드 형	모바일 DA 피드	네이버 〉 피드 영역
		네이버 패밀리 매체 〉 피드 영역
인스트림 동 영상형	동영상 동영상	네이버 〉 모바일/PC 〉 스포츠
		네이버 〉 모바일/PC 〉 네이버TV

❸ 입찰 및 예산 / 게재 일정 및 방식

입찰전략에는 자동입찰과 수동입찰이 있다. 자동입찰의 경우 예산 내에서 최대한의 퍼포먼스를 내도록 AI가 입찰을 한다. 그에 비해서 수동입찰은 내가 직접 입찰가를 설정하여 진행을 해야 한다. 처음에는 자동입찰을 통해서 어느정도의 CPC가 형성되어 있는지 파악한 후 수동입찰로 진행을 하는 것도 좋은 방법이다. 입찰순위는 어떻게 결정이 될까? GFA는 CPC 입찰형 광고다. 즉, 광고를 하는 모든 광고들 중에서 동종업종간 겹치는 타겟과 게재위치 등을 고려하여, 순위를 매긴 후 가장 CPC가 높고, 클릭율이 우수한 광고를 우선적으로 노출을 시킨다. 처음부터 클릭율이 우수할 수 없다면 당연히 노출을 위해서 CPC가 상승을 하게 된다.

입찰과 하루 예산 설정을 마쳤다면 다음으로 게재 일정 및 방식으로 넘어 가자.

일정에서는 [상세 일정]을 통해서 광고 노출 일정을 설정을 할 수도 있다. 그래서 매출이 잘 나오지 않는 요일이나 시간은 OFF하여, 광고 집중도를 높일 수가 있다. 다음으로 중요한 것은 노출빈도다. 일반적으로 1명의 이용자에게 얼마나 자주 노출을 시킬 것인가를 정하는데, 최초 설정은 2회이며, 좁은 타겟에게 집중적으로 보여 주고자 한다면 최대 5회까지도 설정이 가능하다.

✅ GFA광고—광고소재

배너광고의 마지막 관문인 광고소재다. 광고소재는 그룹에서 결정한 광고 노출 위치에 따라서 등록할 수 있는 배너 소재가 달라질 수 있다. 어떤 소재들이 있는지 먼저 보자.

▲ 소재 타입

이미지 배너형에는 스마트채널과 일반적인 이미지배너를 만들 수 있다.

스마트채널은 '소재타입'에서 이미지배너를 선택한 후 광고이미지에서 이미지추가를 클릭하면 새로운 창이 뜬다. [스마트채널 이미지 만들기]라는 메뉴를 클릭하여, 손 쉽게 배너를 만들어 저장 할 수 있다. 아무래도 [누끼형이미지 타입]보다는 [썸네일형 이미지타입]가 만들기 쉽다.

▲ 네이버 GFA 스마트채널 소재 만들기

일반이미지 배너의 경우에는 네이버의 가이드에 잘 맞추어서 만들어야 하는데, 자신이 없다면 [네이티브이미지]를 추천한다. 네이티브 이미지는 간단한 이미지 한장과 텍스트로 이루어져 있기에 앞서 스마트채널 소재와 마찬가지로 초보도 만들 수 있다.

마지막으로 광고 소재 만들기에서 '행동유도'와 '랜딩 URL'을 작성하여 미리보기에서 이상이 없다면 마무리 하면 된다.

그밖에 캠페인 목적에서 스마트스토어 홍보와 판매증대를 위해서 [쇼핑프로모션]을 선택했다면 '고객혜택'과 해당하는 '프로모션'을 선택하여 좀 더 눈에 띄게 만들 수 있다.

지금까지 GFA광고에 대해서 알아보았다. 구글광고나 메타광고를 통해 성과를 측정하려해도 타 플랫폼의 스크립트나 픽셀삽입이 불가하여, 스마트스토어의 성과측정을 할 수 없기에 답답함이 있다. 네이버에서 하루빨리 해결해 주면 좋겠지만, 네이버 본인들의 광고 매출을 올리기 위해서라도 그렇게 해 주기는 쉽지 않을 것이다. 배너광고 중에서는 유일하게 GFA만 스마트스토어의 성과측정을 할 수 있으니, 해당 광고를 집행하여, 얻은 데이터를 통해서 타 광고소재에도 적용해 보는 것을 추천한다.

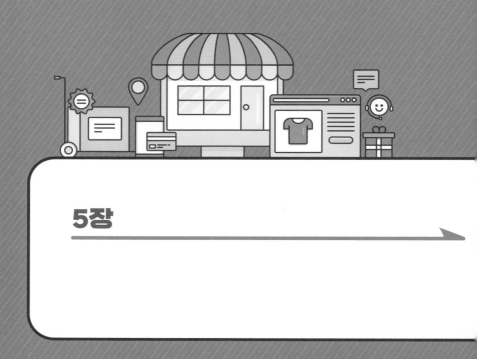

5장

SMART STORE

매출을 끌어올리는
이벤트 기획과 진행 및
쇼핑라이브

1. 이벤트도 전략이 필요하다

어떻게 기획해야
매출을 올릴 수 있을까?

11월 미국 블랙 프라이데이, 중국 광군절 등 대규모 해외 쇼핑 할인 이벤트가 많았다. 이 시기를 맞춰서 한국의 쇼핑몰도 대대적인 할인 이벤트를 펼쳤다. 할인 이벤트를 마주하면 '지금 아니면 이 가격에 살 수 없다'는 생각으로 평소에 생각하지 않은 제품을 구매하기도 한다.

내가 광고 대행을 맡고 있는 한 브랜드는 평소 할인을 하지 않기로 유명하다. 해당 브랜드는 일 년에 3일 정도 할인 이벤트를 진행하는데, 평소 3~4개월 만에 달성할 수 있는 매출을 이 3일 만에 달성하기도 한다. 이렇듯 시기적절하게 이벤트를 활용하면 평소보다 높은 매출을 올릴 수 있다.

타 업체의 이벤트를 보면 어떤 이벤트를 하면 좋을지 고민이 생긴다. 그렇다고 할인행사만 진행할 수도 없는 노릇이다. 충분한 계획을 세우고 진행하지 않으면, 오히려 남는 게 없는 경우도 있다. 정확한 '목적'을 만들고 소비자들이 어떤 이벤트에 잘 반응하는지 파악해야 성공적인 이벤트로 마무리할 수 있다. 그렇다면 이벤트를 어떻게 준비하면 좋을지 알아보자.

✅ 사전 조사가 먼저다

- **누구를 대상으로 할 것인가?** 단골 또는 신규 고객 등 누구를 대상으로 이벤트를 하는지 정해야 한다.
- **어떤 목적을 가지고 할 것인가?** 신규 고객 확보, 신제품 홍보, 재고소진, 매출 증대 등의 명확한 목표를 세워야 한다.
- **언제 할 것인가?** 시즌에 맞출 수 있고 하루 중 특정 시간에 맞출 수도 있다. 평소 주말 매출이 잘 나오지 않았다면 주말 타임 이벤트를 진행할 수 있다.
- **어떤 제품을 판매할 것인가?** 인기제품, 신제품, 비인기 제품 등 이벤트할 상품을 선정하자.
- **경쟁업체는 어떻게 진행할까?** 경쟁사에서 어떤 콘셉트로 이벤트를 진행했는지, 얼마나 할인했는지, 그에 따른 반응은 어떠했는지 파악하자. 그리고 차별화된 요소를 만들어야 한다.

조사를 끝냈다면 다음으로 이벤트를 기획해야 할 것이다. 기획하기에 앞서, 진행할만한 이벤트 종류에는 어떤 것이 있는지 살펴보자.

▲ 이벤트 종류 예시

목적에 맞게 이벤트를 골랐다면, 두 번째는 타이틀을 정해야 한다. 타이틀이 정해져야 그에 맞는 이미지 제작을 할 수 있다.

▲ 헬스케어몰 1주년 행사

타이틀을 어렵게 생각하는 판매자가 많다. 그만큼 중요하다고 인지하는 것이다. 이럴 땐 단순한 생각부터 연결해야 한다. '발매 1주년 행사', '회원가입 1만 돌파 기념', '1천 개 판매 특급 할인행사', '이 시간만 이 가격', '해피 버스데이 투 유-생일자 기념품 증정'과 같이 단순하지만 다양한 타이틀을 무수히 만들 수 있다. 그리고 '빼빼로 데이 11% 할인행사', '초복 맞이 미니 선풍기 증정' 등등 시기와 시즌이 어울리는 타이틀도 만들 수 있다. 스포츠 시즌과 어울리는 이벤트 타이틀도 꽤나 효과가 좋다. '손흥민 11호 골 기념', '월드컵 16강 기원 행사' 등이다.

타이틀을 정하고 어울리는 이미지 제작까지 마무리했다면 이제 홍보다. 앞서 확인한 온라인 마케팅 광고를 이용하는 것이다. 이벤트를 많이 진행하지 않고서는 고객이 어떤 미끼를 물지 알 수 없다. 그렇기 때문에 초기에는 대형 이벤트 기획보다는 소규모 이벤트를 단기간 여러 개 준비해 순차적으로 진행하는 것을 추천한다. 그리고 꼭 작게라도 온라인 배너 광고, SNS 홍보를 통해서 고객의 반응을 파악해야 한다. 소소한 이벤트로 경험치를 쌓고 그 결과를 기반으로 한 단계 위의 이벤트를 진행하는 것이다.

✅ 이벤트 결과 분석

이벤트 규모와 상관없이 결과를 분석해야 하는 건 상식이다. 기본적으로 이벤트 기간 방문자는 얼마나 들어왔으며, 매출은 얼마인지, 신규 고객은 늘어났는지 정도를 파악해야 한다. 이런 경험들이 나만의 노하우로 쌓이는 것이다.

추가적으로 다음의 사항들에 대해서 자문해야 한다.

- 애초 세웠던 목표는 달성했는가?
- 손해는 보지 않았는가? 간혹 고객 반응이 좋다고 무리하게 홍보해 결과적으로 마이너스 매출인 경우도 많이 보았다.
- 차후 이 이벤트와 유사한 이벤트를 진행해도 좋을까?
- 실패했다면 원인은 무엇인가? 예를 들어 방문자대비 실적이 저조했다면 원인이 무엇인지 파악해야 한다.

2. 네이버 쇼핑 원쁠딜, 원쁠템. 무료체험단 활용

네이버쇼핑에서
무료로 할인 홍보를?

위메프, 쿠팡, 11번가 G마켓 등 많은 쇼핑몰에서 기획전이나 할인 행사에 참여하기란 여간 어려운 일이 아니다. 네이버 쇼핑에서도 마찬가지다. 스마트스토어에서 할인전을 준비했지만, 인기가 많은 브랜드나 기존 고객이 많은 스토어라면 할인전에 고객들이 몰리겠지만, 그렇지 않은 스토어에서는 이벤트를 알리는 것조차 쉽지 않다. 그렇다면 네이버에서 무료로 진행할 수 있는 할인행사를 홍보할 수 있는 원쁠딜, 원쁠템을 한번 이용해 보자.

▲ 네이버 원뿔딜

☑️ **원뿔딜과 원뿔템이 무엇인지와 어떤 차이가 있는지 알아보자.**

먼저 원뿔딜은 전상품 1+1구성 & 무료배송을 기본적으로 제공해야 한다. 1+1구성이라고 해서 무조건 동일한 상품을 제공해야 하는 것은 아니다. 동일상품으로 1+1을 구성해도 되고, 1+@라고 해서 A상품과 B상품을 조합해서 구성을 해도 무방하다. @상품을 꼭 상품으로 구성하지 않고, 네이버페이로 적립금을 제공해도 된다.

원뿔딜은 네이버에서 하루 30개만 엄선하여, 한 업체당 딱 3일간 (72시간) 노출을 한다. 즉 제안을 하면 네이버쇼핑에서 선정된 상품만 노출이 된다. 그리고 원뿔딜에는 네이버 쇼핑에서 나오는 기존 수수료 외에 카테고리에 관계없이 동일하게 5% 매출연동수수료가 있다.

제안은 매주 월요일 11시~17시까지만 접수를 하고, 선정이 되면 2주후 스케줄에 따라 선정에 일자에 3일간 노출이 되는데, 17시에 오픈이 된다.

　여기서 중요한 것은 제안이 월요일 11시~17시까지만 할 수 있고, 닫혀 버린다. 그렇기 때문에 미리 노출을 할 이미지 소재 제작과 어떤 제품을 1+1 또는 1+@구성할지를 미리 기획을 해 두어야 한다는 점이다. 이 두가지만 미리 준비해 두었다면 원쁠딜 제안에 큰 어려움은 없을 것이다. 그리고 마지막으로 원쁠딜을 하기 위해서는 노출관리〉노출서비스관리에서 원쁠딜과 연동을 해두어야 한다.

▲ 노출서비스관리 〉 원쁠딜 연동

　그럼 다음으로 원쁠템은 무엇인가? 원쁠딜이 하루 30개의 딜만 노출하기에 선정되기란 매우 어렵다. 필자도 여러번 제안을 했지만, 겨우 선정될 정도로 선정이 되는 것이 쉽지 않았다. 만약 원쁠딜을 한번 탈락했다면 상품구성을 변경하던지, 할인율을 더 높이던가? 변화를 주어야 한다. 동일한 원쁠딜을 제안해 봐야 선정이 되지 않는 것은 마찬가지다. 아무튼 많은 스마스스토어에게 노출 기회를 줄 수 없기에, 네이버에서 '원쁠템'을 오픈하게 되었다.

　원쁠템은 별도의 선정절차가 없으며, 검수에 문제만 없다면 제안한 '원쁠템'이 그대로 노출이 된다. 다만 노출영역이 원쁠딜에 비해서 하단에 노출이 되니, 고객들에게 노출될 확률이 적을 수 밖에 없다. 하지만 원쁠딜이 3일(72시간) 노출되는 것에 비해서 원쁠템은 3일에서 최대 14일까지 진행을 할 수 있으며, 별도의 매출연동 수수료는 없다. 그리고 원쁠템을 진행하면서 원쁠딜을 제안할 수 있다.(동시 노출은 되지 않음) 원쁠템을 통해서 우선적으로 노출을 하여 반응을 볼 수 있다는 장점이 있다.

원쁠딜
제안관리 방법

원쁠딜 진행하는 방법은 **네이버스마트스토어센터〉원쁠딜〉원쁠딜 제안관리**를 통해서 제안 등록을 할 수 있다. 등록을 하게 되면 언제 노출이 되는지 일정을 우선적으로 체크한 후 순서대로 하나씩 진행하면 된다. 앞서 얘기한 것처럼 원쁠딜의 구성은 1+1, 1+@, 1+적립 3가지 형태로 진행을 할 수 있다.

다음으로 상품명을 작성을 하는데, 타사들의 상품명을 참조하여 작성하는 것을 추천한다. 아직 인지도 높지 않은 상품이라면 홍보가 될 수 있는 카피문안과 함께 상품명을 작성하는 것도 좋다. 스마트스토어의 상품명은 별도의 검수를 거치지 않기에 문제없지만, 원쁠딜의 경우 너무 과장된 상품명은 선정된 후 수정될 수도 있으니, 이점을 유의하여 작성을 해야 한다.

▲ 원쁠딜 제안등록

5장. 매출을 끌어올리는 이벤트 기획과 진행 및 쇼핑라이브

다음으로 원쁠딜 제안가를 작성하는데, 1+1이라고 해서 1개 가격으로 판매할 필요는 없다. 아무튼 2개 판매가격보다는 저렴하게 적당한 할인율을 고려하여 작성을 할 수도 있다. 원쁠딜에 선정되기 위해서는 아무래도 상품구성도 중요하지만, 가격이 메리트가 있어야 한다. 평소에 판매가 매우 잘 되던 상품인데, 이만큼 더 할인을 한다는 것을 보여주어야 선정될 가능성이 높아진다. 아직 스토어찜이 많이 부족한 스토어라면 원쁠딜을 통해 많은 노출을 하여 이참에 스토어찜을 높이는데 주력하는 것도 좋은 전략이 될 것이라 생각된다.

마지막으로 판매할 상품의 url과 추가옵션부분, 유통기한 등을 기입하면 어렵지 않게 진행이 가능하다. 마지막으로 이미지 등록이다. 메인이미지와 플러스 이미지인데, 메인이미지와 플러스 이미지는 가이드 대로 상품이 눈에 잘 띄는 이미지를 선정하되 이미지내에 텍스트가 있으면 안된다. 특히 플러스 이미지의 경우 이미지가 매우 작다. 그렇기 때문에 상품이미지가 잘 들어나는 이미지를 사용해야 할 것이다.

원쁠템도 원쁠딜과 동일한 방법으로 등록하기에 어렵지 않게 진행이 가능할 것이다.

이렇게 제안을 마무리 하여 선정이 되었다고, 상품판매가 급격히 상승하지 않을 수도 있다. 왜냐하면 동일한 기간동안 유사 제품들 또는 동일카테고리에서 우리보다 더 파격적인 제안으로 선정된 원쁠딜이 있을 수 있기 때문이다. 그렇기 때문에 선정된 후 평소에 이용하던 광고를 통해서 추가적인 홍보를 하는 것이 매우 중요하다. 짧은 기간이기에 검색광고보다는 배너광고를 이용하여 원쁠딜, 원쁠템이 판매가 잘 될 수 있도록 홍보하는 것을 추천한다.

네이버쇼핑에서
무료 체험단 모집을?

구매 후기는 고객들에게 특별한 일이 아니다. 쇼핑몰에서 적립 포인트를 주지 않아도 자신이 써보고 괜찮았던 제품에 대해서 SNS에 리뷰를 남긴다. 하지만 처음 론칭한 제품은 구매 후기가 없다는 이유만으로도 구매 단계에서 많이 망설이게 된다. 그래서 많은 업체가 초기 론칭 기간에는 체험단을 모집하기도 한다.

4장에서 인플루언서 마케팅에 알아보았다. 인플루언서 업체를 통해 진행할 경우 제품을 제공하더라도 비용이 들어가기 마련이다. 하지만 네이버쇼핑 기획전에서는 무료로 체험단을 모집할 수 있는 공간이 있다. 생각보다 모르는 사람이 많아 신청자가 적다고 생각했다면 오산이다. 짧은 시간에 수백 명 이상이 지원한다. 게다가 제품 리뷰 작성에서는 프로급인 사람들이다.

▲ 네이버쇼핑 무료체험 페이지

    PC든, 모바일이든 기획전으로 들어가면 무료체험이라는 카테고리를 쉽게 찾을 수 있다. 이곳은 판매자가 직접 무료체험을 등록하고, 당첨자를 직접 선발하는 프로세스로 스스로 원하는 사람을 뽑을 수 있다. 하지만 무료체험이 모든 스마트스토어 판매자에게 열려있는 건 아니다. 윈도에 입점되어 있어야 가능하다. 윈도에서도 스타일(브랜드관), 뷰티, 리빙, 푸드(전통주 제외), 키즈, 펫, 플레이에 입점자에 한해서 등록할 수 있다. 상품당 최대 모집 인원은 999명이며, 한 번에 10개까지 동시에 진행할 수 있다. 무료체험 당첨자는 100% 상품 할인 쿠폰(판매자부담)을 자동 발급받아 상품을 받게 된다.

무료체험 모집 등록 전에 주의할 점을 몇 가지 살펴보자.

☑ 모집 기간

모집 시작일로부터 7일 이후까지로 권장

☑ 당첨 발표일

모집 종료일 2일 이후부터 설정 가능(3일 이내를 권장)

☑ 체험단 미션

프리미엄 리뷰 및 블로그, SNS 등에 홍보를 요청할 수 있다. 하지만 너무 많은 요구를 하면 오히려 무료체험 신청자 수가 낮아질 수 있다. 적당히 요구해도 참여자들은 자발적으로 다양한 채널에 등록한다. 나중에 다른 무료체험 참여를 위해서라도 많은 이력을 만들어 당첨 확률을 높이려 하기 때문이다. 아래와 같이 타사의 체험단 미션을 참고하여 등록하면 된다.

▲ 뮤즈베라 클렌징젤 체험단 모집 공고

체험단 진행은 스마스스토어센터에서 **쇼핑윈도관리 〉 쇼핑윈도소식 관리 〉 새소식 등록**에서 등록하면 된다. 분류를 **무료체험**으로 선택해 체험단 모집을 작성하면 된다.

▲ 노출 채널 관리 〉 쇼핑윈도 소식 관리 〉 쇼핑윈도 소식 등록

　무료 체험단 소식을 올리는 건 간단하다고 생각할 수 있다. 하지만 선정까지 직접 진행해야 해서 여러 가지 번거로운 일이 생긴다. 하지만 적은 비용으로 네이버에 상품 홍보를 할 수 있으니, 일거양득의 효과를 노릴 수 있다.

3. 기획력은 시즌을 읽는 안목으로부터 나온다

기획전으로
고객 유입을 늘려보자

원쁠딜과 더불어 기획전으로 무료로 이벤트를 홍보할 수 있는 공간이 있다. 물론 고객에게 혜택을 줘야 하지만, 네이버에서 이런 자리를 얻기란 쉽지 않기 때문에 충분히 매력 있는 홍보 공간이다. 물론 이 부분도 스마트스토어 판매자만 이용할 수 있다.

원쁠딜이 상품 하나에 집중하여 판매하는 반면, 기획전은 테마를 정해 해당 하는 상품들을 한번에 노출을 시킬 수 있다. 기획전은 테마를 정해 다양한 상품을 노출시킬 수 있다.

기획전은 네이버쇼핑 카테고리 내 기획전 페이지나, 네이버쇼핑 메인에 노출되어서 고객 유입이 매우 높다. 상품 할인 및 적립 혜택이 좋고 양질의 기획전이라고 판단되면, 쇼핑 판에 노출이 되는 혜택을 누려볼 수도 있다.

기획전을 진행하기 위해서는 즉시할인, 알림받기 쿠폰, 포인트 적립을 고객에게 제공을 해야 한다.

▲ 네이버쇼핑 모바일 기획전 노출 예시

구분	상세 조건
기획전 공통 조건	• 명확한 기획전 주제가 있어야 합니다. • 가품 및 배송, 재고에 대한 이슈가 없어야 합니다. • 기획전 내 등록 상품 수 : 최소 50개 이상~ 500개 미만 (섹션당 최소 11개 이상~100개 이하 권장) ㄴ 단, '유아동' 카테고리는 최소 20개 이상~ 적용 • 상품 상세 내 모바일 미리보기가 가능해야 합니다. • **모바일 / PC 할인 및 할인 혜택이 동일**해야 합니다. • **기획전은 기간 내 1개의 기획전만 운영이 가능하며, 복수로 진행은 불가**합니다.
① 즉시 할인	• 기획전을 위한 할인 혜택이 적용 되어야 합니다.
② '알림받기 쿠폰' ((구)톡톡친구쿠폰)	• 해당 고객 대상으로 추가 할인쿠폰 제공이 가능해야 합니다. • 쿠폰 할인 금액은 **5% 이상 (금액으로 1000원 이상)** 부터 진행 가능합니다. • 쿠폰기획전 타입 진행시 **전상품 대상 상품할인쿠폰**으로 발급하셔야 진행가능합니다.
③ 포인트 적립	• 네이버페이 포인트가 적용된 상품만 진행이 가능합니다. (시스템 공통 적용 포인트 제외) • 판매 상품 가격의 최소 **3%**~최대 **20%**까지 적용이 가능합니다. (금액 기준 **10만원**까지 적용 가능)

☑ 기획전 신청방법 및 기획전 관리

스마트스토어센터 〉 노출 관리 〉 기획전 관리 〉 신규 기획전 등록을 통해 신청하면 된다. 신청한 모든 기획전이 네이버쇼핑에 노출되는 것은 아니며, 네이버 심사 후 선정된다.

▲ 기획전 신청 등록 페이지

기획전
실전 등록!

기획전에 등록할 때 주의해야 하는 것만 짚고 넘어가도록 하겠다. 기획전을 등록하기 전에 우선 기획전에 등록한 상품들을 어떤 기준으로 섹션(카테고리) 분류할 것인지 정해두고 시작해야 한다. 섹션당 최소 상품 11개 이상을 배정해야 한다는 점을 잊지 말자.

▲ 기획전 등록 방법

기획전 타입 3가지중 한 가지를 선택해야 하는데, 2개 이상의 혜택을 주고 싶다면 복수의 선택도 가능하다. 기획전에 선정되기 위해서는 유사한 상품을 파는 타 스토어보다 더 나은 혜택을 제공하는 게 유리하다.

기획전 타입과 카테고리를 선택했다면 다음으로 제목에 들어갈 기획전 주제에 대해 작성해야 한다. 주제는 가능하면 시즌에 맞는 콘셉트가 선정에 유리하다. 그렇다고 너무 추상적인 제목을 정하면 안 된다. 그러니 네이버에서 진행하고 있는 타 기획전을 참고해서 작성하자.

- 학교에서 사무실에서 쓰기 딱 좋은 신학기템
- 미리 준비하는 핼러윈데이
- 365일 다이어트
- 봄을 맞이하는 자세
- 한파, 패딩으로 극복!
- 시선 집중 연말룩
- 따뜻하고 예쁜 데일리룩

백 마디 설명보다 위의 예시 제목이 더 쉽게 와 닿을 것이다.

제목 다음으로 중요한 건 태그다. 태그를 마음대로 달면 승인이 안 될 수 있으니, 기준에 맞는 태그 설정이 매우 중요하다. 태그는 최대 10개까지 등록할 수 있다.

태그 등록 시 참고 사항

- 의미가 불명확하고, 모호한 단어는 사용할 수 없다.
- 이슈가 되고 있는 드라마, 연예인 이름을 포함하면 안 된다.
- 광고성 단어(초특가, 단독 할인 등)는 사용할 수 없으며, 최상급 표현도 불가하다.
- 표준어 사용을 권장한다.
- 스타일이나 감성을 나타내는 태그 중심으로 입력하면 좋다. 상품등록 시 사용했던 추천 태그를 선택하는 것이 가장 좋은 방법이다.

태그를 입력한 다음 상품 이미지를 등록하는데, 이미지 제작 가이드를 참고해 만들면 된다. 나머지 입력은 그리 어렵지 않다. 섹션 설정 및 노출 상품등록의 경우, 앞서 섹션별 분류를 미리 해두었다면 큰 고민 없이 입력할 수 있다. 단 기획전의 최대 노출 기간은 2주일이니, 2주 이내 기간으로 설정해야 한다.

노출 상품등록까지 무사히 마쳤다면, 기획전 노출심사요청을 하자. 이로써 기획전 제안이 마무리되었다. 심사는 보통 3일 정도 걸린다.

4. 타깃 고객들에게
똑똑하게 쿠폰 보내기

스마트스토어에서는 고객에게 다양한 혜택을 제공해 구매를 유도할 수 있다. 일반 쇼핑몰의 경우 회원가입을 통해 고객관리 및 혜택을 제공하는 경우를 많이 보았을 것이다. 그와 동일한 기능을 하는 것이 바로 **쿠폰 발급**이다. 스마트스토어 신규 고객 유치와 자주 구매하는 고객, 관심만 보이는 고객에게 어떤 혜택을 줄 수 있고 사용 방법은 어떻게 되는지 알아보자.

▲ 고객 혜택 제공 타깃팅 대상

쿠폰을 발행을 할 수 있는 대상은 **전체고객, 첫구매고객, 재구매고객, 알림받기, 타겟팅** 5가지로 분류된다. 아래의 표를 참고하자.

구분	대상
전체고객	스토어에 방문하는 모든 고객에게 혜택을 제공할 수 있습니다.
첫구매고객	최근 2년간 구매이력이 없는 고객을 대상으로 혜택을 설정할 수 있습니다.
재구매고객	최근 6개월간 구매이력이 있는 고객을 대상으로 재구매 혜택을 설정할 수 있습니다.
알림받기	알림받기 동의 고객을 위한 쿠폰 혜택을 설정할 수 있습니다.
타겟팅	구매이력이 있거나 알림받기를 한 특정 고객을 지정하여 쿠폰을 즉시 발급할 수 있습니다.

▲ 알림받기 쿠폰과 할인쿠폰

알림받기는 스마트스토어의 경우 회원가입을 별도로 받는 것이 아니기에, 단골고객을 늘려야 하는데, 그 첫걸음이 알림받기 고객수를 늘리는 것이다. 그래서 대다수의 스토어에서 알림받기 쿠폰을 발행하여, 알림받기 수를 지속적으로 늘린다. 하지만 꾸준하게 발행은 하지만, 알림받기 고객을 늘려 활용을 못하는 경우가 많은데, 알림받기가 고객이 늘어난 시점부터는 신제품 출시 또는 할인 행사관련 메시지 발송을 통해 재구매를 늘려야 한다. 메시지 발송 방법 뒷부분에서 소개하겠다.

또, 가격은 무너지지 않게 하면서, 고객에게 할인의 메리트를 주고자 한다면 전체고객 대상으로 **전체고객 대상의 쿠폰**을 발행하는 방법도 있다. 그밖에 이벤트 등을 통해서 고객을 선별하여, 할인 쿠폰을 발행하고자 할때는 **타겟팅 쿠폰**을 활용할 수도 있다. 이처럼 쿠폰을 적절히 잘 활용해야 한다.

대다수 스토어에서 첫 구매, 스토어찜, 톡톡친구 고객에게 쿠폰 발행을 하고 있다. 초기에는 당연히 첫 구매 고객 대상 쿠폰 발급이 중요하다. 그렇지만 타기팅을 대상으로 쿠폰을 잘 활용하는 것이 매출 성장에 큰 도움이 될 것이다. 스토어 상품에 관심을 가진 고객 즉 상품찜을 한 고객만을 대상으로 쿠폰을 발행할 수 있는 유일한 방법이다. 또 타기팅에 들어가면 스토어찜, 톡톡친구 쿠폰 발행에 조건을 걸 수 있기 때문에 더 유용하게 활용할 수 있다.

▲ 타기팅 고객 그룹 만들기 상세 조건 설정

혜택 등록을 위해서는 **고객 혜택 관리 〉 혜택 등록**으로 이동하면 된다. 필수 사항과 선택 사항을 입력하면 되는 비교적 간단한 설정 방법이다.

▲ 혜택 등록 방법

　　쿠폰을 발행하기에 앞서서 **혜택 노출 예시**를 통해서, 어떤 형태의 쿠폰인지 확인한 후 발행을 진행하면 좋다. **쿠폰 발행은 고객에게 구매를 유도하는 매우 유용한 수단이지만, 매출에는 마이너스 요인이다.** 그렇기 때문에 무분별하게 쿠폰을 발행하지 않아야 한다. 혹시라도 중복으로 쿠폰을 발행하지는 않았는지 꼼꼼한 확인이 필요하다. 발급된 쿠폰은 혜택 리포트를 통해서, 발급 현황을 확인할 수 있다.

▲ 고객 혜택 관리 〉 혜택 리포트 조회

5. 알림받기 고객들에게
메시지 발송하기

알림받기 쿠폰발행을 통해서 꾸준하게 고객을 늘렸다면 이제 메시지를 발송하여 고객들이 다시 스토어로 재 방문하여, 구매를 할 수 있도록 유도하는 방법에 대해서 알아보자. 신제품이 출시안내 및 명절 할인 행사 안내 등 다양한 메시지 발송을 할 수 있다.

▲ 마케팅메세지 예시

메시지를 발송하면, 고객들은 네이버 모바일앱이나, PC에서 알림을 통해서 전달 된 메시지를 확인 할 수 있다. 신규 고객도 중요하지만, 내 스토어에 관심있거나 이미 내 상품을 경험한 고객들은 좀 더 적극적인 구매가 이루어 질 수 있기에 지속적으로 메시지를 발송하여 내 스토어가 잊어지지 않게 방문을 유도해야 한다.

그럼 메시지 발송하는 방법에 대해서 알아보자. '스마트스토어 센터 > 마케팅 메시지 > 마케팅 보내기'를 통해서 메시지 작성이 가능하다. 메시지의 경우 총 5단계로 이루어 진다. STEP 1. 발송스토어 정하기 STEP 2.목표설정하기 STEP 3.타겟팅 설정 STEP 4.혜택 첨부 설정 STEP 5. 톡톡마케팅 메시지 편집 이상 5단계이다.

메시지 발송에 앞서서 STEP 4. 혜택첨부설정 – 쿠폰발행을 하고자 한다면 앞서 배운 [고객 혜택관리]에서 미리 혜택 등록을 해야 한다. 혜택 등록을 하는 방법은 혜택 등록에서 타겟팅 대상을 알림받기로 설정하고, 타겟팅 목적을 마케팅 메시지 보내기로 설정을 하면 된다.

▲ 마케팅메세지 보내기 혜택등록

STEP 1. 발송스토어 정하기에 보면 무료 전송과 유료전송이 가능 수가 있다. 알림받기 고객들에게 최소 월 1회씩은 무료로 메시지 발송이 가능하지만, 추가적인 메시지 발송을 위해서는 유료 전송을 해야 한다. 유료 전송의 경우 유료 건당 10원의 메시지 이용료가 들어간다. 메시지를 너무 남발하는 것도 보기 좋지 않으니, 특별한 경우가 아니라면 월 1회 무료로 발송하는 것으로도 충분히 활용이 가능하다.

발송 스토어를 정했다면, STEP 2. 목표설정하기를 통해서, 타깃 대상을 지정해야 한다. 만약 알림 받기 전체 고객을 대상으로 할 수도 있고, 특정 타깃을 대상으로 메시지를 발송을 할 수도 있다. 목표설정에 따라서, 메시지 내용은 달라질 수 있다. 알림받기 전체 고객에게 메시지를 발송한다면, 설이나, 추석 할인 이벤트와 같이 대대적인 메시지를 발송을 할 수도 있다. 알림받기는 했지만, 아직 구매이력이 없거나 최근 2년간 구매이력이 없는 고객들에게는 첫 구매 유도 메시지를 보낼 수 있다. 그리고 가장 중요한 점은 목표설정을 마쳤다면 STEP 3. 타겟팅 설정을 통해 예상 메시지 전송 수를 체크해야 한다. 이 단계까지 우선 설정을 한 후 어떤 마케팅 메시지를 보낼지 결정해야 한다. 실컷 메시지 기획은 다 했는데, 정작 메시지를 보낼 대상이 얼마 없다면 그것 또한 큰일이기에, 미리 미리 체크해둘 필요가 있다.

▲ 마케팅메시지 목표설정과 타겟팅 설정

타겟팅 확정까지 끝을 냈다면 STEP 4. 혜택 첨부 설정을 통해서, 미리 등록해둔 혜택을 첨부할 수 있다. 할인쿠폰을 첨부하지 않고, 메시지를 보내고자 한다면 '첨부안함'을 선택할 수 있다. 예를 들어서, 재입고 소식이나, 신제품 출시 같은 소식같은 경우 할인쿠폰을 보내지 않고 소식만 알려주기를 원한다면 혜택 첨부없이 보낼 수도 있다. 아니면 전체적인 가격할인 행사를 통해서 굳이 할인쿠폰을 발행하여, 이중으로 할인을 하지 않겠다고 한다면 혜택을 첨부하지 않으면 된다.

마지막으로 가장 중요한 STEP 5. 톡톡마케팅 메시지 편집 부분이다.

▲ 마케팅 메시지 작성-유형4가지

마케팅 메시지의 유형은 4가지 이다. 단순 텍스트와 링크로 이루어진 '설명형', 이미지 1장과 간단한 설명으로 이루어진 '이미지형', 배너 이미지와 상품3가지로 구성할 수 있는 '상품리스트형', 상품가지수가 6개로 설정할 수 있는 '상품카드형'이 있다. 많은 업체들이 이미지형과 상품리스트형을 가장 많이 이용을 한다. 마케팅 메시지 기획시 이미지 사이즈와 유형별로 글자수 제한이 있으니, 미리 체크 한 후 메시지를 작성하자. 메시지 작성을 마친 후 테스트 전송을 통해서 스마트스토어 관리자에게 미리 발송하여, 틀린 부분은 없는지 최종 체크를 한 후 전송하기를 통해서 발송을 하면 된다.

메시지를 발송하여, 어느정도 효과가 있었는지도 최종적으로 확인을 해 보아야 한다. 그래야 다음 메시지를 보낼 때, 좀 더 나은 방향으로 기획을 할 수 있다. 마케팅 메시지〉마케팅 통계를 통해 확인이 가능하며, 발송 대비 읽은 고객수와 클릭 고객수를 한번에 볼 수 있다. 보통 메시지를 보내면 평균적으로 10%내외이다. 10%밖에 안된다고 절대 실망하지 말고, 꾸준한 마케팅 메시지 보내기를 통해서 매출을 증대시켜 보자.

6. 네이버 쇼핑라이브

무선통신이 발달하면서, 이제는 달리는 차안이나 지하철에서도 실시간으로 영상을 보는데, 문제가 전혀 없다. 그리고 이웃나라 중국에서는 몇년 전부터 왕홍이 한번의 라이브커머스를 통해 수억원어치를 판매한다는 소식을 종종 접했을 것이다. 한국에서도 그립(GRIP)과 같은 라이브 커머스 전문업체가 생겨나기 시작한 후 네이버, 카카오, 쿠팡 등도 라이브커머스를 시작하게 되었다.

▲ 네이버 라이브커머스

그뿐만 아니라 TV홈쇼핑을 하던, 롯데홈쇼핑, CJ온스타일, 현대홈쇼핑 등도 라이브커머스로 진출을 하여, 매출이 점점 상승한다는 소식을 뉴스에서 접했다. 당연한 결과라고 생각한다. TV홈쇼핑의 주 시청자들의 연령대가 높아지고, 새로운 시청자인 젊은 세대는 그닥 TV홈쇼핑을 선호하지 않기 때문이다. 젊은 구매자들은 스마트폰과 하루를 보내기에 대다수가 온라인 쇼핑 구매를 선호를 한다. 그렇다 보니 자연스럽게 라이브커머스로 시청자가 늘고, 구매도 늘어나는 것이다.

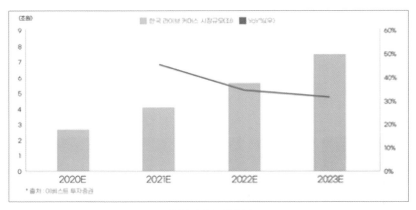

▲ 라이브커머스 시장 규모

☑ 라이브 커머스의 장단점

필자도 네이버 쇼핑라이브를 비롯하여, 그립, 쿠팡 등 다양한 곳에서 라이브커머스를 직접 진행도 해보고, 진행을 해 보신 분들의 여러 경험담을 들어본 결과 타 라이브커머스보다는 그래도 네이버 쇼핑라이브가 시청 및 판매 면에서 가장 괜찮았다는 평가가 많았다. 그렇다고 네이버쇼핑라이브를 진행한다고 해서 당장에 대박이 나지는 않는다. 그나마 네이버에서 진행하는 기획전에 참여를 한다면 효과를 조금이나마 볼 수 있겠지만, 일반적으로 인지도가 높지 않은 상태에서 푸드 카테고리를 제외한다면 파격가격으로 진행하더라도 판매가 높지 않은 것이 사실이다. 그도 그럴것이 라이브커머스 특성상 1시간정도 라이브를 진행한다. 푸드와 같이 딱히 제품 인지도를 많이 따지지 않고, 시청 연령대나 성별에 상관없이 쉽게 구매가 가능한 제품을 제외한다면 고객들의 지갑을 열리게 하는 것이 여간 쉬운 일이 아니다. 또 터치 한 번이면 다른 라이브커머스로 넘어가기가 쉽다. 즉, 라이브를 하는 동안 고객의 시선을 사로잡지 못한다면 고객이탈이 쉽다는 말이다.

연일 신문기사에서는 라이브커머스를 하면 당장 대박이 날 것처럼 얘기를 하는데, 그런 환상을 가지지 않기를 바란다. 냉정하게 말씀드리면 쉽지 않다. 시청자가 100명 이하가 나오고, 판매가 전혀 안될 수도 있다. 그렇다고 한 번으로 라이브커머스를 평가하지는 말기를 바란다. 다수의 라이브커머스를 진행해본 경험자들의 얘기를 들어보면, 꾸준하게 라이브커머스 진행을 통해서 조금이나마 브랜드 또는 스마트스토어 인지도가 상승하여, 당장 구매를 하지 않더라도 고객들이 스토어찜을 통해서 다음에 또 방문을 하게 된다. 그것이 쌓이고 쌓이다보면 점점 매출이 증가할 수 밖에 없다. 사람들은 아마 처음 본 상품이나 브랜드에 대해서 거부감이 가지만, 자주 마주친다면 점점 거부감은 사라지고, 오히려 호감이 생긴다. 그렇기 때문에 한번 진행으로 쉽게 결정하지 말고, 장기적인 안목을 가지고 진행을 해 보았으면 한다.

✅ 쇼핑라이브 준비

쇼핑라이브를 만들기 위해서는 우선 스마트스토어 등급은 새싹 등급 이상이어야 한다. 다음으로 필요한 것은 스마트폰이 있으면 쇼핑라이브를 시작할 수 있다. 처음부터 굳이 전문 장비를 갖출 필요는 없으며, 무선 5G나 WIFI 5G를 갖추었다면 라이브전송에 문제가 없다. 처음에 어떻게 시작하는지 몰라, 라이브커머스를 전문적으로 진행해주는 업체를 찾아보면 대다수 많은 업체들이 최소 집행비용과 쇼호스트 비용을 청구한다. 참고로 쇼호스트 비용만해도 최소 20~30만원 정도이다. 그래서 판매가 잘 되면 모르겠지만, 라이브커머스 진행 및 촬영비용에 쇼호스트 비용을 지불하고 나면 오히려 마이너스가 된다.

만약 전문업체의 도움을 좀 받고 싶다면, 중소벤처기업부에서 운영하는 판판대로 정부지원사업을 신청하는 것을 추천한다. 정부지원금으로 진행하기에 비용을 들이지 않고, 라이브커머스를 진행을 해 볼 수 있다. 해당 사업도 사업 진행기간과 진행해 줄 수 있는 업체가 한정적이기에 판판대로에서 공고가 올라온다면 서둘러서 신청해 보시는 것을 추천한다.

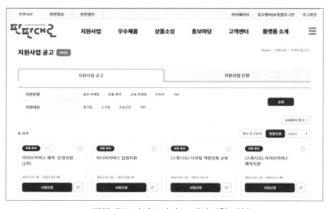

▲ 판판대로 라이브커머스 제작지원 사업

컴퓨터와 스마트폰을 다루는데 큰 어려움이 없다면, 네이버의 비즈니스 스쿨(https://bizschool.naver.com/) 을 통해서 네이버 라이브쇼핑 교육 자료를 수강 후 진행해 보는 것을 추천한다.

☑️ 네이버 쇼핑라이브 예약하기

▲ 쇼핑라이브시작하기   ▲ 예약목록 만들기   ▲ 라이브쇼핑상품등록

네이버쇼핑라이브를 시작하기 위해서는 네이버스마트스토어앱 또는 네이버쇼핑라이브스튜디오를 통해서 생성을 할 수 있다. 네이버스마트스토앱을 열어서 상단에 있는 [라이브시작하기] 버튼을 클릭하면 네이버 쇼핑라이브를 시작을 할 수 있는 페이지로 옮겨진다. 그런 다음 하단에 예약버튼을 클릭을 하여, 순서대로 쇼핑라이브 예약을 하면 된다.

네이버쇼핑라이브 예약히기

1. 대표이미지 등록
2. 라이브 한줄요약 작성
3. 카테고리 설정 ※도전라이브는 처음 라이브시작하는 스토어에서만 진행이 가능하다.
4. 시간설정 – 쇼핑라이브 진행 날짜와 시간설정
5. 왼쪽 하단 마법봉 아이콘 – 필터 및 효과 적용
6. 오른쪽 상단 별표 상자 아이콘 – 라이브 진행 중 활용할 영상, 이미지 소스 및 텍스트 작성
7. 왼쪽하단 할인쿠폰 아이콘
   7.1 –라이브에 소개할 상품 등록 최대 30개 등록 가능
   7.2 – 대표상품 설정
   7.3 – 라이브 특가 설정
8. 설정 완료 체크 후 라이브 '예약완료' 버튼 클릭

예약이 완료된 라이브는 라이브일정이 다가오면 자동으로 키워드 검색결과나 쇼핑검색결과에 노출이 된다. 이처럼 쇼핑라이브를 하는 것만으로도 충분한 상품홍보가 된다. 이때 한명의 고객이라도 더 많이 시청하게 만들겠다고 한다면 예고페이지를 잘 만들어야 한다. 라이브 예고 페이지를 잘 구성하여 이벤트와 함께 매력적으로 만들어야 시청자를 한명이라도 더 유치할 수 있을 것이다.

▲ 쇼핑 라이브 검색결과 노출   ▲ 쇼핑라이브 예고 캘린더

간혹, 이런 분들이 있다. 쇼핑라이브 예고 캘린더에 예약을 걸어둔 쇼핑라이브가 노출되지 않는데 어떻게 노출되게 하는 건지 문의하시는 분들이 있다. 쇼핑라이브는 예고 캘린더에 노출될 수 있다. 하지만 아무나 노출해 주지는 않는다. 기준은 다음과 같으니 참고하시길 바란다.

쇼핑라이브 캘린더 노출조건

− 대상 및 기준
대상 : 전월 쇼핑라이브 진행 판매자 중 기준 실적을 충족한 판매자 대상 (매월 1
      일자에 업데이트)
라이브 진행일 기준, 시청자 경험 1,000명 이상 + 거래액 발생 500만원
이상 또는 전월 진행 라이브 누적 거래액 3,000만원 이상
* 전월 진행 된 단일 라이브에 한합니다. (여러 라이브 누적 아님)
* 실적 확인 : 웹관리툴 내 진행 라이브 통계 데이터 확인
              https://tool.shoppinglive.naver.com/

– 예고 등록 및 검수 기준

예고 등록 : 쇼핑라이브 app 혹은 웹 관리툴을 통해 등록한 라이브의 예고 페이지 등록 (일 2회)

검수 기준 : 아래 검수 기준에 맞는 라이브의 예고페이지에 한해 별도 신청없이 자동으로 검수 처리

예고 노출 : 금일 (자정까지) 수정시 그 다음 영업일에 검수 진행되며, 검수 즉시 캘린더 노출 (최대 라이브 진행 10일전)

수수료 : 쇼핑라이브 캘린더에 등록된 라이브에 한하여 매출연동수수료 5% 과금 (※ 캘린더에 등록되지 않은 자체 진행하는 라이브는 기존과 동일하게 매출연동수수료 3% 과금됩니다))

캘린더 노출을 희망하지 않을 경우 스마트스토어센터 고객센터 톡톡으로 문의

✅ **예고페이지 만들기**

쇼핑라이브 예고페이지를 만드는 방법중에서도 pc를 통해서 만드는 것이 편리하다. 그중 한가지 방법이 스마트스토어 내에서 [스토어전시관리 〉 라이브예고 페이지관리]를 통해서 만들수도 있고, 또 다른 방법으로 [네이버 쇼핑라이브 관리툴]을 이용해서 예고페이지를 만들 수도 있다. 추후 라이브진행시 라이브관리 및 라이브 후 통계를 확인하기 위해서 [쇼핑라이브 관리툴]을 알아야 하니, [쇼핑라이브 관리툴]에서 진행만드는 법을 알려 드리고자 한다.

▲ 예고페이지 예시

웹관리툴(PC) : https://tool.shoppinglive.naver.com/

접속을 한 후 상단메뉴에서 '예고 페이지 관리'로 이동하자. 그 다음 '새 라이브 예고 페이지 등록' 을 클릭한다.

라이브ID에서는 미리 예약된 라이브를 불러온다. 다음으로 제목작성과 상단이미지를 넣고, 라이브 소개페이지를 작성하는데, 스마트스토어 상품등록과 유사하기에 메뉴대로 그대로만 따라가면 쉽게 작성을 마무리 할 수 있다.

▲ 라이브예고 페이지 등록

✅ 라이브 마무리 – 라이브진행시 라이브 채팅관리 및 통계체크

채팅관리

라이브 당일, 라이브를 할 스마트폰으로 리허설도 진행해 해 본 후, 시간이 되어서 본방이 시작되었다면 [쇼핑라이브관리툴]의 [라이브 보드]를 보면서 진행상황을 체크해야 한다. 쇼호스트의 진행을 체크하면서 고객들의 반응을 살피는 것 또한 중요한 일이다. 그리고 고객들의 라이브 채팅에서 쇼호스트가 미쳐 답변을 해주지 못한 질문에 대해서 답변을 해 주거나, 이벤트진행 및 당첨자 발표, 공지사항 등도 안내해 주어야 한다. 이런 부분을 [라이브 보드]를 통해서 진행 할 수 있다.

▲ 라이브보드

통계체크

1시간의 라이브가 마무리가 되었다면 다음 라이브를 위해서 방금 마무리한 라이브의 결과를 체크해 보는 것이 매우 중요하다. 매출이나 시청뷰수도 중요하지만, 다음을 위해서 가장 중요한 것은 고객들이 어디에서 라이브커머스 정보를 보고 들어왔느냐 이다. 그리고 방문자의 연령대 성별도 함께 보면서 평소 고객과 차이가 없는지를 살펴보아야 할 것이다. 마지막으로 쇼핑라이브의 예고 페이지는 어디에서 보았으며, 라이브 하는 동안 고객들은 어떤 경로로 접속했는지 체크하는 것이 매우 중요하다. 그래야 다음을 위해서 홍보를 어떻게 할 것인지 계획을 잡을 수 있다.

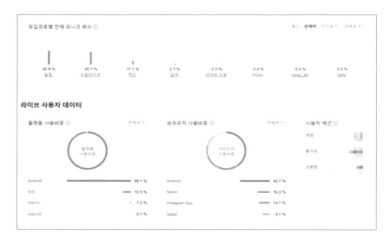

▲ 쇼핑라이브 통계

☑ 쇼핑라이브 숏클립 등록을 통해 핫딜이벤트를 진행해 보자.

틱톡이 나온 이후 긴 영상보다는 짧게 영상을 소비하는 숏폼 영상이 대세되었다. 유튜브 쇼츠, 인스타그램 릴스가 큰 성장세를 보이고 있다. 네이버 쇼핑라이브에서도 숏폼 영상을 선보였는데 그것이 바로 '숏클립'이다. 꼭 라이브가 하지 않았더라도 누구나 이용이 가능하다. 그기에다 숏클립만의 핫딜서비스도 생겨서 앞으로 더 많은 노출 기회가 생길 것이라 전망된다.

▲ 네이버쇼핑라이브 숏클립

네이버 숏클립은 PC에서 [쇼핑라이브관리툴https://tool.shoppingli ve.naver.com]을 통해서 등록할 수 있고, 모바일에서는 [쇼핑라이브 스튜디오 앱]을 통해서 등록이 가능하다.

▲ 쇼핑라이브관리툴 - 숏클립 등록

숏클립 핫딜 서비스

앞서 숏클립 핫딜서비스가 있다고 얘기해 드렸다. 숏클립 데일리 핫딜 프로그램은, 등록한 숏클립에 연결한 상품에 1일 동안 할인 혜택을 지원할 경우, 네이버 메인 서비스 내에 1일 동안 고정 노출지원 해 주는 프로그램이다. 누구나 지원은 가능하지만 선정이 되어야만 이용할 수 있는 서비스다. 신청방법은 어렵지 않다.

네이버쇼핑파트너 블로그(https://blog.naver.com/naver_seller)내에 [숏클립 라이브 제안/공지]내에서 신청이 가능하다. 신청은 매주 화요일까지 신청해야 하며, 선정은 매주 목요일에 선정자를 블로그에 공지한다.

숏클립 데일리 핫딜 프로그램에 지원을 위해서

- 숏클립은 필수!
- 숏클립 데일리 핫딜에 선정 시, 선정된 일정 24시간 특가 제공!
- 판매가 대비 할인율 작성시, 정가를 높여서 기입하는 건 안돼요! (판매가 : 최근 20일 기준)
- 베스트 리뷰 상품, 스테디셀러, 시즌 이슈 상품, 그 외 고퀄리티 숏클립일 경우 선정될 수 있는 확률이 높습니다.

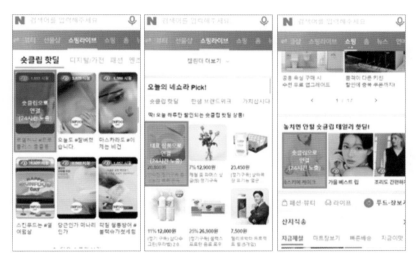

▲ 숏클립 데일리 핫딜 노출 영역

6장

SMART STORE

고객관리와 분석은
튼튼한 뿌리가 된다

1. 리뷰 관리만 잘해도 매출이 보인다

리뷰는
구매로 이어지는 결정타

최근 온라인 구매자들은 제품 설명보다는 실제 구매 리뷰를 보고 난 후 구매 결정을 한다. 처음 접하는 제품도 인플루언서들의 리뷰를 보고 구매로 넘어가는 추세다. 리뷰는 곧바로 구매로 연결되는 결정 타다. 그래서 쇼핑몰마다 리뷰 작성에 열을 올리고 리뷰를 남겨준 고객을 뽑아 경품을 주는 곳도 늘어나고 있다.

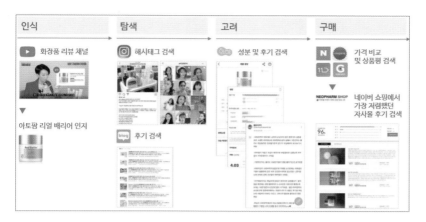

▲ 인지에서 구매까지 영향을 끼치는 리뷰, 오픈서베이 모바일쇼핑

　　온라인쇼핑 고객들은 어디에서 리뷰를 접할까? 오픈서베이의 모바일쇼핑 조사 자료를 보면 89%가 쇼핑몰에서 가장 많이 접한다고 한다. 그리고 네이버쇼핑의 리뷰를 가장 신뢰한다고 한다. 즉, 네이버쇼핑의 리뷰는 구매를 결정하는 가장 큰 요소라 할 수 있다. 스마트스토어 운영에 있어 리뷰 관리가 매출을 늘릴 수 있는 수단이 된다.

쇼핑몰 내의 리뷰	89.0%		네이버 쇼핑	20.8%
네이버 블로그	45.4%		11번가	13.9%
리뷰 사이트	16.0%		쿠팡	11.9%
지인 후기	13.3%		지마켓	8.4%
유튜브	7.9%		옥션	6.5%
인스타그램	6.7%		위메프	4.0%
리뷰 앱	5.8%		티몬	3.0%

▲ 리뷰 확인 순위와 가장 신뢰하는 리뷰 순위, 오픈서베이 모바일쇼핑

리뷰를 더 많이 보게 되는 상품군

	상품군	비율
1	패션의류 (성인/청소년 의류, 내의 등)	46.7%
2	패션잡화 (신발, 가방, 액세서리 등)	44.7%
3	전자제품 (냉장고, TV, 노트북 등)	36.9%
	화장품/향수 (기초, 색조 화장품 등)	31.5%
	식료품 (야채, 육류, 포장식품 등)	23.4%
	가구/인테리어/주방용품 (침구, 식기)	17.1%
	딱히 리뷰를 더 많이 보는 상품 없음	4.5%

▲ 리뷰를 많이 보는 상품군, 오픈서베이 모바일쇼핑

스마트스토어는 가짜 리뷰를 경계한다. 실제로 구매자가 아니면 리

뷰를 작성할 수 없도록 만들었다. 대신 실구매자의 리뷰를 유도하기 위해, 리뷰를 작성하면 포인트를 지급해준다.

▲ 리뷰 작성 시 지급 포인트

네이버쇼핑에서 상위노출되기 위해서는 리뷰에 대한 점수가 꽤 크다. 아무리 매칭이 잘 되었더라도, 리뷰가 적은 스토어는 순위가 하락할 수밖에 없다. 그렇다 보니 스마트스토어마다 리뷰 작성 포인트를 추가 지급하는 경우가 많다.

신규스토어들의 상품이나 신상품들은 리뷰수가 없어서, 주변에 아는 분들이나, 회사내에서 구매를 하고 리뷰를 올리는 업체들을 종종 보았다. 그런데 네이버에서 회사주소와 겹치는 곳에서 구매를 하고 리뷰를 작성하면 삭제가 된다. 네이버에서 ip추적을 하여, 실구매가 아니라고 판단하기 때문이다. 그러니, 만약 주변에 아는 분들이나, 회사직원들이 구매를 했다면 집으로 배송받고, 리뷰도 ip가 겹치지 않는 집에서 작성하길 바란다.

리뷰 관리는
필수다!

▲ 기발한 댓글로 유명한 온라인쇼핑몰, 스브스뉴스

리뷰 관리를 말하기 전에 리뷰 댓글로 화제가 된 온라인쇼핑몰 이야기를 하면 좋을 것 같다. 소시지를 판매하는 장순필 사장은 야간에 퇴근도 하지 않고, 고객들 리뷰에 일일이 댓글을 달았다고 한다. 하루 200~300개씩 달았는데, 그 댓글이 온라인에서 화제가 되었고 그 결과 매출이 3~4배 증가했다.

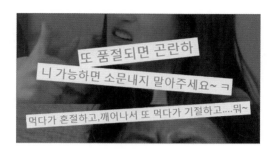

▲ 장순필 사장의 댓글들

이처럼 댓글은 고객에게 감동을 줄 수 있을 뿐만 아니라, 다른 고객에게 구매를 유도하는 하나의 수단이 되기도 한다. 또한 리뷰는 차후 제품을 개선하는데 많은 도움이 된다. 스마트스토어에서도 고객 리뷰에 댓글을 달 수 있다. 2018년 11월부터 리뷰 관리를 새롭게 개편했는데, 변경 부분은 리뷰 포인트와 베스트리뷰 관리 메뉴다.

스마트스토어 구매평(리뷰) 개편 사항

• 일반/프리미엄 리뷰 구조를 없애고 상품 리뷰로 일원화
• 충분히 사용해보고 작성할 수 있도록 한 달 사용 리뷰 도입
• 리뷰 작성 시 지급 포인트 설정 항목 변경
• 베스트리뷰 선정 시 포인트/쿠폰 지급 가능

개편 사항을 보면 **베스트리뷰 선정**이 있다. 베스트리뷰를 선정하면, 선정된 리뷰는 BEST 엠블럼이 붙고 상품페이지 리뷰 영역 상단에 자동으로 노출된다. 또한 **한 달 사용 리뷰**가 도입되었다. 주문 건에 대해서 초기 상품 리뷰를 작성한 후, 한 달 후 사용 리뷰까지 총 2건의 리

뷰를 작성할 수 있다. 리뷰를 더 달 수 있으니, 그만큼 스마트스토어 순위 상승에도 많은 도움이 된다.

리뷰 관리를 보면 다양한 리뷰를 관리자가 원하는 입맛에 맞게 조회할 수 있도록 만들어져 있다. 가령 평점이 높은 리뷰만 보고 싶다면, 기간을 설정한 후 원하는 평점을 선택한 후 조회할 수 있다. 리뷰를 관리할 때 베스트리뷰만 관리하는 건 안 된다. 평점이 낮고 진솔한 고객의 리뷰에도 댓글을 다는 센스를 발휘하자. 적어도 구매를 고민하는 사람에게, 판매자가 단점을 보완하고 있다는 인상을 남겨줘야 한다.

▲ 문의/리뷰 관리 〉 리뷰 관리

리뷰 관리에서 다양한 리뷰를 확인할 수 있는 기능까지 살폈다. 그렇다면 어떤 리뷰를 베스트로 선정해야 할까? 평점이 높은 리뷰를 선택하는 것이 좋을까? 사진이나, 영상으로 만들어진 리뷰가 좋을까? 이조차도 고민이다. 고민인 이유는 당연하다. 어떤 리뷰를 선정해서 고객에게 보여줘야 구매로 연결될지 생각해야 하기 때문이다.

포토리뷰나 동영상리뷰의 경우 일반 텍스트리뷰에 비해 포인트가 조금 더 높다. 그렇다 보니 많은 구매자가 배송을 잘 받았다며 사진까지 올리는 경우가 많다. 이런 포토리뷰가 예비 구매자의 마음을 움직이게 할 수 있을까? 당연히 없을 것이다. 쇼핑몰에도 크게 도움 되지 않는다.

베스트리뷰는 단순 사진 인증보다는 실제 이용을 해본 이야기를 중심으로 남긴 글을 선정해야 한다. 그리고 과거 리뷰보다는 최신 리뷰를 위주로 선정하는 것이 좋다. 구매자들은 리뷰가 없는 상품은 구매하지 않는다고 한다. 리뷰가 많은 곳은 실패하지 않는다는 심리가 작용하기에 많은 리뷰가 있는 스마트스토어를 선택하게 되는 것이다.

실 구매자의 리뷰	86.1%		13.5% 는 리뷰가 없는 상품도 구매합니다
이미지 리뷰	43.6%		37.8% 는 리뷰가 없는 상품은 구매하지 않는 편입니다
최신 리뷰	23.8%		
길게 쓴 리뷰	15.5%		70.3% 가 같은 상품일 경우 리뷰가 많은 곳에서 구매합니다
좋아요가 많은 리뷰	12.8%		

▲ 신뢰하는 리뷰, 오픈서베이 모바일쇼핑

이제 다양한 리뷰 중 베스트리뷰를 선정하고, 혜택을 지급하는 방법에 대해서 알아보자. 베스트리뷰를 선정하려면 리뷰검색 시 리뷰 타입 조건을 텍스트리뷰보다는 포토, 동영상리뷰로 선택하고 구매자 평점이 높은 쪽을 검색해야 한다. 혜택 지급으로 쿠폰 또는 포인트 적립을 선택한 후 적용하면 된다. 참고로 쿠폰 또는 포인트 적립은 리뷰 별로 1회만 지급 할 수 있다.

▲ 베스트리뷰 선정 및 혜택 지급

베스트리뷰와 반대로 악의적인 리뷰가 있을 수 있다. 설마라고 생각하겠지만, 경쟁사에서 악의적인 리뷰를 작성하는 경우도 더러 있다. 그럴 때는 리뷰 신고가 가능하고 더불어, 앞으로 구매를 할 수 없도록 하는 방법이 있다. 신고를 통해 리뷰를 삭제하는 건 가능하지만, 그 고객이 다시는 구매할 수 없도록 하는 것은 스마트스토어에 영향을 끼칠수 있으니, 신중하게 잘 선별해야 한다. **판매관리 〉 판매**

방해 고객관리에서 고객 ID와 사유를 입력하면, 앞으로 구매할 수 없게 된다.

▲ 판매 방해 고객 등록

　고객이 구매 후 리뷰를 남겨주는 건 판매자로서 고마운 일이자, 좋은 마케팅 수단이다. 그래서 답글을 작성해 고객관리를 해야 한다. 이러한 답글 작성 방법은 매우 간단하다. 리뷰를 검색한 후 **답글 작성** 버튼을 클릭하면 된다. 하지만 처음 얘기한 것처럼 리뷰 하나하나에 각각의 센스 있는 답변을 적는 것이 중요하다. 동시에 똑같은 답변을 달기보다는 고객들의 리뷰 내용을 세심하게 살펴보고 답변을 달자. 구매 고객에게는 감동을 신규 고객에게는 살아있는 쇼핑몰이라는 느낌을 줄 수 있다.

▲ 판매자 답글 작성 예시

▲ 작성된 답변 노출 예시

    상품등록 시 이미 리뷰 포인트 지급을 설정했다면 필요 없겠지만, 글을 읽고 리뷰 포인트를 조금 더 올리고 싶다거나 변경하고 싶다면, **상품 관리 〉 상품 조회/수정**에서 설정하면 된다. 상품을 선택하고 **일괄 변경 〉 구매 혜택**을 선택하면 다음과 같은 창이 나온다. 이곳에서 **상**

품리뷰 작성 시 지급을 선택하고, 각각의 금액을 변경한 후 완료하면 된다.

▲ 리뷰 혜택 수정 방법

리뷰 답글을 통한 고객과의 소통이 쉬워 보이지만, 매일매일 꾸준하게 시간을 정하고 하지 않으면 잊어버리기 십상이다. 스마트폰 알람을 정해 습관을 기르는 게 중요하다.

쇼핑몰 운영 시 판매에 집중을 하다 보면, 세세한 부분을 놓치기 쉽다. 특히 대다수의 쇼핑몰이 고객 문의 사항에 대해서는 응대를 하고 답변을 많이 다는 반면, 고객이 남긴 상품평에 대해서는 댓글로 응답

하는 경우가 거의 없다. 쇼핑몰을 분석해보면, 오래된 쇼핑몰일수록 재구매가 70% 이상이다. 한번 왔던 고객에게 좋은 인상을 남긴다면 그다음 구매로 이어지기 마련이다. 고객이 스마트스토어에 처음 방문하는 이유가 할인이라면, 다시 방문을 유도하는 것은 단 한 줄의 댓글일 수 있다.

2. 고객등급은 가장 좋은 고객관리 수단이다

스마트스토어 초기라면 고객등급 관리라는 게 먼 훗날의 일처럼 느껴질 수 있다. 하지만 스마트스토어의 초보 판매자를 넘어서 장기간 운영하게 되면, 단골이 매우 중요하다는 것을 깨닫게 된다. 보통 쇼핑몰의 구매자 비율을 보면 초기에는 당연히 신규 고객 비중이 크겠지만, 몇 년간 꾸준히 쇼핑몰을 해본 이들이라면, 단골고객의 구매 비중이 훨씬 높다는 것을 알게 된다. 어느 정도 쇼핑몰이 운영된 상태라면 보통 재구매 고객 7, 신규 고객 3 정도의 비율이라고 보면 된다.

쇼핑몰 고객 혜택 페이지를 살피면 고객등급별 혜택을 쉽게 찾아볼 수 있다. 누구라도 고객등급이 VIP라고 하면 왠지 모르게 기분이 좋아질 때가 있다. 등급이 올라갈수록 특별대우를 받을 수 있다는 기대 심리가 생긴 덕분이다. 특별한 혜택을 받는 고객은 여러 쇼핑몰에

서 구입하지 않고 한 쇼핑몰에서 더 꾸준하게 구매하게 되는데, 남성
보다는 여성의 경우 한번 단골이 되면 장기간 구매자가 된다.

▲ 11번가 회원 혜택

스마트스토어에서도 일반 쇼핑몰처럼 꾸준하게 구매해주는 고객
들을 위해서 고객등급을 부여하고 혜택을 줄 수 있다.

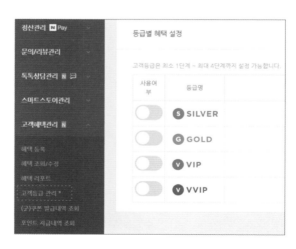

▲ 고객등급 관리 메뉴

고객 혜택 관리 〉 고객등급 관리에서 확인할 수 있는데, 스마트스토어의 고객등급은 총 4가지로 실버, 골드, VIP, VVIP로 나눠진다.

그렇다면 고객등급 관리 등록은 어떻게 할 수 있을까? 가장 먼저 등급 기준을 나눠야 한다. **주문금액**이 높은 고객 또는 **주문횟수**가 많은 고객 중 하나를 선택하고 기간을 선택하면 된다.

▲ 고객등급 관리 등록 방법

고객등급 기준은 등록한 달의 말일, 구매 확정된 주문 건까지 포함된다. 등급 기준의 적용은 다음 달 1일부터 시작되며, 매월 1일에 등급별 혜택이 자동 생성된다.

▲ 등급별 혜택 설정

등급 조건으로 주문금액을 선택했다면 최소 5만 원 이상부터, 주문 횟수를 선택했다면 2회 이상부터 등록할 수 있다. 순차적으로 등급 조건과 혜택을 높여 가면 된다.

사용 기간은 매월 1일~말일까지이며, 혜택에는 상품 중복할인 쿠폰, 배송비 쿠폰, 포인트 적립 세 가지가 있다. 상품 중복할인 쿠폰에서 할인비율은 3~70%, 금액은 1,000원~999,990원까지 등록 가능하며 포인트 적립은 15% 이상이다.

처음 등급을 정할 때, 예상되는 지출이나 기대 고객, 금액이 있었을 것이다. 등급 조건과 혜택 조건을 마치면 예상 고객 수 확인이 가능하다. 예상 고객 수가 저조하다면, 등급 조건을 낮추어서 조금 더 많은 고객을 확보하는 것도 방법 중 하나다.

등급별 예상 고객 수 확인

   해당 등급 관리 시 주의할 점은 한번 적용된 등급 기준은 중간에 수정하더라도 다음 달부터 적용, 반영된다는 점이다. 만약 등급 혜택이 적용 중인 상태에서 수정한다면, 반드시 1개월 정도 고지 기간을 두고 공지사항, 게시판 등을 통해 안내해야 한다. 그래야만 고객들의 불만을 최소화할 수 있다.

3. 로그 분석은 매출과 직결된다

스마트스토어는 관리만 잘해도 새로운 방문자가 꾸준히 들어온다. 그럴 때 일일 방문자는 얼마나 되는지, 고객들은 어떤 경로로 들어와서 구매하는지, 어떤 키워드로 검색하고 방문하는지 궁금해진다. 이런 궁금증을 해결하기 위해서는 로그 분석 즉, 통계를 살펴보면 된다. 로그 분석을 할 수 있는 방법은 두 가지가 있는데, 비즈어드바이저나 스마트스토어 센터 내 통계를 통해 확인하는 것이다. 동일한 데이터를 제공하기에 둘중 하나만 보아도 된다.

어떤 고객이 들어오는지 알아야 대응할 수 있는 법이다. 해당 통계를 이용할 땐, 첫 번째로 나의 주요 고객을 파악해야 한다. 가령 예상했던 타깃은 20대 후반 여성이었는데, 결과적으로 30대 남성 고객 구매가 많다면, "어떤 요소가 30대 남성에게 매력적으로 보여서 들어왔을까?"라는 고민부터 시작해, 매출을 더 늘리기 위해서 30대 남성 고객이 좋아할 만한 상품을 최상단에 배치해야 한다. 그리고 해당 고객이 좋아할 만한 요소로 상품페이지를 변경하는 수고도 필요하다. 스토어 상품페이지나 전체적인 상품 배치 개편을 마쳤다면, 30대 남성 고객이 주로 이용하는 SNS 채널에 그들이 좋아할 만한 콘텐츠를 포스팅하면 된다.

이렇게 글로 보는 설명은 쉬워 보이고, 당연하다 생각할지도 모르겠다. 하지만 분석 업무는 어떻게 해석하느냐에 따라서 달라질 수 있으니, 자주자주 통계를 보면서 변화에 민감하게 반응해야 한다.

통계로
레벨 업!

스마트스토어센터 통계 메뉴를 통해서, 확인할 수 있는 분석 자료는 판매분석, 마케팅 분석, 상품별 쇼핑 행동, 시장벤치마크, 고객현황, 재구매 통계다. 각각의 통계를 통해 어떤 자료들을 확인할 수 있고 어떻게 활용을 할 수 있을지에 대해서 알아보자.

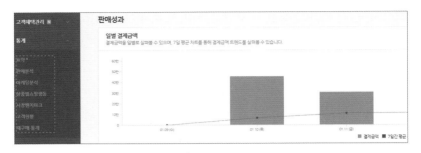

▲ 통계분석 메뉴

　판매분석에서는 판매성과, 상품성과, 상품/마케팅 채널, 상품/인구
통계, 상품/고객 프로파일, 상품/지역 분석이 가능하고 **마케팅 분석**에
서는 전체 채널, 검색 채널, 인구통계, 시간대별 통계를 확인할 수 있
다. 판매분석은 스토어의 판매성과를 분석한 자료인데, 이러한 마케
팅 분석을 통해서 고객이 도대체 어느 사이트를 통해 들어왔으며, 어
느 정도 방문을 했는지 파악해야 하고 방문자 대비 판매실적은 어떠
했는지 등을 살펴보는 게 중요하다. 스마트스토어 초기에는 통계 수
치가 잘 안 나올 수도 있다. 이 부분은 쌓인 데이터 누적치가 적기 때
문이다. 분석 기간을 좀 더 길게 설정하면 확인할 수 있다.

　통계 날짜를 직접 지정하면 해당 기간의 데이터를 별도로 볼 수
있다. 판매분석에 내 판매성과를 보면, 요일별 자료까지 확인할 수
있다. 요일별 판매 자료와 최근 7일간의 마케팅 분석 자료를 비교해
보자.

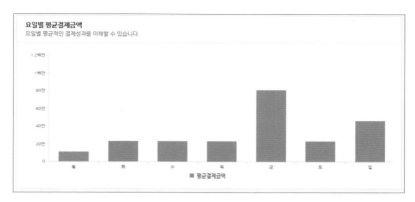

▲ 요일별 평균 결제금액

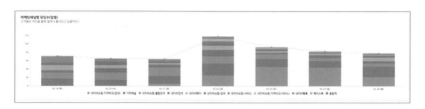

▲ 요일별 방문자 분석

평소 방문자 수가 금요일을 제외하면 큰 차이를 보이지 않으나, 결제는 금요일, 일요일에 많이 일어난다는 것을 알 수 있다. 해당 스토어의 주요 판매 상품은 가정용 전자제품이다. 일요일에 주문이 평소보다 많은 것은 의외다. 보통 쇼핑몰은 월요일 주문이 많은 편이다. 그와 상반되게 주말에 구매와 조회수가 올라가니, 평일보다는 주말에 좀 더 집중적으로 마케팅을 펼칠 필요가 있다. 한 예로 주말 전에 찜을 한 고객에게 쿠폰을 발송해 구매를 유도하거나 주말 깜짝 이벤트를 진행할 수도 있다.

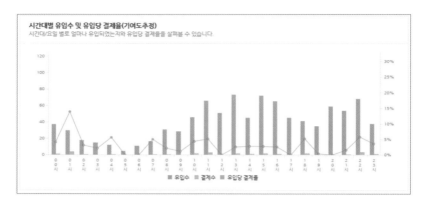

▲ 시간대별 유입수

마케팅 분석에 시간대별 통계와 함께 요일 통계를 확인했다면, 어디에 활용할 수 있을까? 바로 온라인 광고에 적용할 수 있다. 스마트스토어를 진행하면서 가장 손쉽게 고객을 유도할 수 있는 검색 광고나, 네이버쇼핑 검색 광고의 경우 시간대별, 요일별 노출 시간대를 설정할 수 있다. 불필요한 요일이나 시간대에 광고를 OFF 처리해 불필요한 광고비를 줄이고 집중 광고 시간대를 정해, 더욱더 공격적으로 마케팅을 펼치는 것이다.

앞서 30대 남성을 예로 들어 로그 분석 활용에 관해서 설명했는데, 해당 부분은 **판매분석 〉상품/고객 프로파일, 상품/인구통계**에서 확인할 수 있다. 또 마케팅 분석의 인구통계로도 분석할 수 있다.

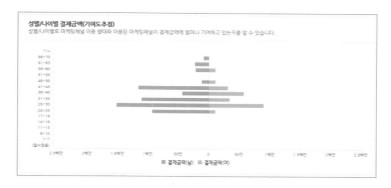

▲ 성별/나이별 결제 금액

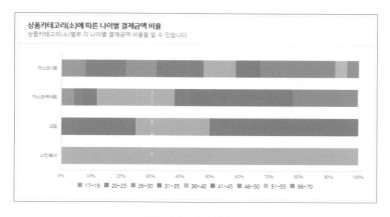

▲ 상품 카테고리별 연령대 분석

판매분석의 **상품/인구통계 분석**을 통해서는 실제 구매자의 연령대별로 여러 상품을 보여주는 반면, 마케팅 분석의 **인구통계**에서는 스토어 전체 방문자를 파악할 수 있다. 우선 마케팅 분석의 인구통계를 통해서 전체적인 방문자의 연령과 성별을 파악하자. 그러고 나서, 판매 분석에서 세부적인 상품 카테고리의 연령, 성별을 보면서 파악해야 한다. 큰 숲을 본 후 세세하게 쪼개어서 보는 방법이다.

그런데 연령과 성별만으로는 고객을 분석하기에 조금 부족한 면이 있다. 고객에 대해서 좀 더 깊이 있게 보고 싶다면, **판매분석 〉 상품/고객 프로파일**을 보자.

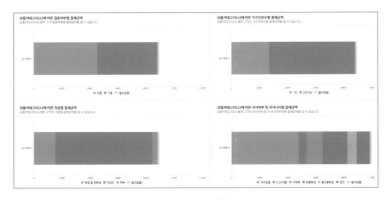

▲ 고객 프로파일

네이버의 인공지능 기술을 통해서, 결혼 여부, 가구원 수, 직업, 자녀 여부와 자녀 나이까지 단번에 파악할 수 있다. 물론 100%의 정확도는 아니지만, 그래도 충분히 신뢰할 수 있는 자료다. 이렇게 얻은 고객 데이터를 통해 앞서 얘기한 것처럼 상품페이지를 구성하고 SNS 콘텐츠를 그들이 좋아할 만한 요소로 구성한 후 온라인 마케팅을 진행한다면, 효과는 예상보다 높을 것이다.

판매분석 〉 상품/지역 통계에서는 서울, 경기 지역을 제외하고, 방문자가 많은 지역이 있다면 눈여겨볼 필요가 있다. 이 부분은 앞서 설명한 네이버 광고 또는 페이스북 등 지역설정이 가능한 광고를 할 때, 큰 도움이 된다.

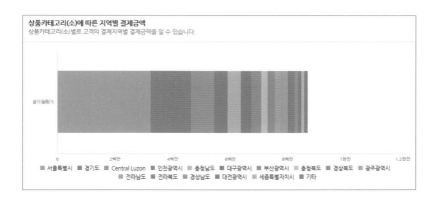

▲ 지역별 분석

스마트스토어
검색 채널 분석

고객들은 도대체 어디에서 판매하는 상품을 보고 방문을 하는 것일까? 확인하고 싶다면, **마케팅 분석 〉 검색 채널 통계**에서 **상세통계**로 들어가면 검색된 키워드와 함께 어떤 채널에서 방문했는지 확인할 수 있다. 만약 네이버 온라인 광고를 진행했다면, 온라인 광고별 상세 채널과 키워드까지 조회할 수 있다.

채널별 키워드 분석

채널속성	채널그룹	채널명	키워드	검색유입	
				고객수	유입수
전체	전체	전체	전체	619	980
모바일	검색	네이버 검색	dr.story	165	282
PC	검색 광고	네이버 검색 광고	(검색어 없음)	64	74
모바일	검색 광고	네이버 검색 광고	(검색어 없음)	63	87
PC	검색	네이버 검색	dr.story	52	55
PC	검색	네이버 검색	닥터스토리	46	52
모바일	검색	네이버 검색	dr.story	31	48
모바일	검색	네이버 검색	닥터스토리	18	22
모바일	쇼핑	네이버쇼핑 -통합검색	닥터스토리마스크팩	17	25
PC	쇼핑	네이버쇼핑-검색	미백마스크팩	14	32
모바일	쇼핑	네이버쇼핑-검색	미백마스크팩	14	40
모바일	쇼핑	네이버쇼핑-검색	보습마스크팩	14	40

여기에서는 고객 유입은 많지만 결제로 이어지지 않는 키워드는 무엇인지, 유입도 잘되고 결제도 높은 키워드는 무엇인지 파악할 수 있다. 우선 고객들이 제품을 검색했을 때, 내가 등록한 상품명이 아닌 다른 키워드 검색으로 방문을 많이 하는 걸 알게 되었다면, 해당 상품

명을 변경해야 한다.

또, 브랜드명이나 스토어명과 연관된 키워드 외에 일반적인 키워드를 주목해야 한다. 왜냐하면 상품등록 시 분명 일반 키워드도 포함했을 것이다. 그 키워드로 방문했을 수 있다. 브랜드명 + 키워드로 들어온 고객은 제품을 분명하게 인지하고 들어왔기에 구매가 높을 수밖에 없다. 그에 비해 일반 키워드로 방문한 고객은 구매전환이 더 낮다. 일반 키워드로 들어온 고객을 단번에 사로잡아 구매로까지 연결되는 방법을 마련해야 한다.

예를 들어 고객이 '미백마스크팩'으로 검색하고 들어왔는데, 해당 페이지에 그와 관련된 내용이 부족하거나 상품 리뷰에 그와 관련된 내용이 적다면 그냥 지나가고 만다. 일반 키워드 유입자를 위해 관련된 콘텐츠를 더 채워서 구매로 유도해야 하는 이유다.

이밖에도, SNS 채널에서는 고객 유입이 많은 키워드를 해시태그로 이용할 수 있고, 블로그에 해당 키워드를 포함한 포스팅 발행으로 고객 유입을 좀 더 높일 수 있다.

✅ 고객현황으로 관심 고객 파악하기

고객현황 메뉴는 관심 고객을 한눈에 파악하기에 용이하다. 관심 고객은 바로 구매를 언제든지 할 수 있는 잠재고객이다. 관심 고객을 대상으로 판매 증대를 위한 쿠폰 발행을 한다고 했을 때, 누구를 대상으로 쿠폰을 발행해야 효과적일지 파악 할 수 있다. 기존고객 주문이 많은지 아니면, 신규고객 주문이 많은지를 파악도 가능하며, 관심고객

증감추이도 한눈에 확인이 가능하다.

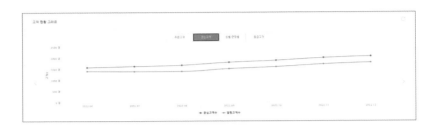

▲ 관심고객 증감 추이

    스마트스토어 대부분이 대형 쇼핑몰처럼 조직화되어 있지 않고 소수로 운영하는 경우가 많다. 그래서인지 분석을 잘 살피지 않는 경우가 많다. "왜 잘 판매가 안 되지?", "왜 재구매가 낮지?"라고 전전긍긍할 것이 아니라, 통계를 수시로 들여다보며 분석해야 한다. 통계수치만 잘 들여다보아도 답은 보일 것이다.

    분석된 자료를 통해 고객 유치를 위한 방안을 세워야 한다. 로그 분석 수치를 볼 때는 최근 1주일보다는 1개월 정도로 설정하고 분석해야 정확하고 좀 더 평균적인 데이터라는 것을 잊지 말자. 항상 1개월 전과 비교하고, 장기적으로는 분기마다 비교하는 것이 매우 중요하다.